土木工程材料试验指导

主编 李九苏　欧阳岚
参编 吕建根

中南大学出版社
www.csupress.com.cn

土木工程材料检测手册

出版说明

—————— ● ● ● ● ● ●

　　为了适应培养 21 世纪复合型、应用型创新人才的需要，结合我国高等学校教学的现状，立足培养学生能跟上国际经济的发展水平，按照教育部最新制定的教学大纲，遵循"学科属性及好教好学"原则，中南大学出版社组织专家、教授编写了这套"高等学校土木工程专业系列教材"。

　　土木工程专业作为我国高等学校的专业设置仅十年之久，它是我国高等教育专业设置调整后的一个新兴专业，土木工程专业与建筑工程、交通土建和岩土工程等传统专业相比，在培养目标、教学内容和教学方法上都有较大的区别，以"厚基础、宽口径、强能力"作为学生培养目标，理论阐述以"必需、够用"为原则，侧重定性分析和实际工程应用。

　　鉴于我国行业技术标准和规范不统一的现状，大部分高校将土木工程专业分为几个专业方向或课程群组织教学。本套教材是在调查十几所高校多年教学实践的基础上进行编写，编委会成员均为长期从事专业教学的资深教师，具有丰富的教学经验和科研水平。本套教材具有以下特点：

　　1. 以理论"必需、够用"为原则，以工程实际应用为重点

　　改变了过于注重知识传授和科学体系严密性的传统教学思想，注重应用型人才培养的特点，结合现行的人才培养计划，做到理论阐述以"必需、够用"为原则，侧重定性分析及其在工程中的应用，充分利用多媒体教学的特点，扩充工程信息量，培养学生的工程概念。

　　2. 注重培养对象终身发展的需要

　　土木工程领域范围广，行业标准多，本教材注重专业基础理论与规范的关系，重点阐述规范编制的基本理论、方法和原则，适当介绍土木工程领域的新知识、新技术及其发展趋势，以适应学生今后职业生涯发展的需要。

　　3. 文字教材和多媒体教学相结合

　　随着多媒体教学的发展和应用，综合多媒体教学在教学中的优势，提高教学效率，在编写文字教材的同时，配套编写多媒体教案和相关计算软件，使学生适应现代计算技术的发展，提高学生自我训练的能力。

　　4. 编写严谨规范，语言通俗易懂

　　根据我国土木工程最新设计与施工规范、规程和技术标准编写，体现了当前我国土木工程施工技术与管理水平，内容精练、叙述严谨。采取逻辑关系严谨、循序渐进的编写思路，深入浅出，图文并茂，文字表达通俗易懂。

　　希望本系列教材的出版，能促进土木工程专业的教材建设，为培养符合市场需要的高水平人才起到积极推动作用。

目　录

第1章 试验要求与数据分析

1.1 试验基本要求

土木工程材料试验是土木工程材料课程的重要组成部分。通过试验，预期要达到以下主要目的：一是熟悉、验证、巩固所学的理论知识；二是了解所使用的仪器设备，掌握常用土木工程材料的试验方法；三是更深刻地掌握各种材料的技术性能；最后，更为重要的是要通过试验课程的系统学习和实际操作，力求掌握试验设计方法，熟练试验操作技能，提高对试验结果的分析和表达能力，从而提高动手能力、实践能力和创新能力。

试验内容包括土木工程材料，如水泥、混凝土用集料、混凝土、建筑钢材、石油沥青、沥青混合料等的基本性能。

为了达到试验的目的，试验者应做到以下几点：

（1）掌握基本的试验设计方法和分析方法，掌握正交试验设计、回归分析等试验设计方法和分析方法，并掌握 Excel、Origin 等分析工具。

（2）试验前做好相关内容的预习，明确试验目的、基本原理及操作要点，并应对试验所用的仪器、材料有基本了解。

（3）在试验的整个过程中建立严密和科学的工作秩序，严格遵守试验操作规程，注意观察试验现象，详细做好试验记录。

（4）对试验的结果进行分析，做好试验报告。

（5）在具体试验时，应根据国标或行业所规定的相应试验规程进行，在对试验结果进行分析时，必须明确所遵循的技术标准和规范。

（6）土木工程材料的质量指标和试验结果是有条件的、相对的，与取样、测定和数据处理密切相关。在进行土木工程材料试验的整个过程中，从材料的取样、试验操作到数据处理，都应严格按照国家（或部颁）现行的有关标准和规范进行，以保证试样的代表性，试验条件稳定一致，以及测定技术和计算结果的正确性。

《土木工程材料试验指导》是根据现行国家标准或其他行业规范、资料编写而成，并不包含所有土木工程材料试验的全部内容。同时，由于科学技术水平的进步和生产条件的不断发展，今后遇到本书所述试验以外的试验时，可查阅有关指导文件，并注意各种材料标准或规范的修订动态，以作相应修改。

1.2 试验数据误差分析与数据修约

试验中所得的原始数据必须进行统计归纳、分析整理，找出其内在的本质联系，本节主要介绍试验数据统计分析的基本方法。

1.2.1 测量误差

（1）随机误差：在一定的量测条件下进行一系列量测时，如果量测的误差从表面上看其数值和符号都是不一定的，不存在任何确定的规律性，而具有统计性的规律，这种误差称为随机误差。

（2）偶然误差：在一定的量测条件下进行一系列量测时，量测的误差称为随机误差，且误差的平均值随量测次数的增加而趋于零，则这种误差为偶然误差，即均值为零的随机误差称为偶然误差。

（3）系统误差：在一定的量测条件下进行一系列量测时，如果量测的误差的数值和符号总保持为常数，或按一定的规律变化，这种带有系统性和方向性的误差称为系统误差。

1.2.2 数据的可靠性

（1）精确度：相同条件下进行多次测量，各测量结果彼此符合程度或彼此的重复性如何，量测结果本身随机误差较小，但离真值偏差较大，即系统误差大，在此情况下只说明精度较高。

（2）正确度：相同条件下多次量测的平均值与其值的符合程度。量测结果的平均值与其值接近，但随机误差较大，所以只说明正确度好而精确度不高。

（3）准确度：测量值质量全面表征的指标。只有当精确度高，正确度也高时，才能说时准确度高。系统误差和随机误差都很小，所以量测结果是准确度高。

1.2.3 数字修约规则

有效数字指实际能测到的数字。一般而言，试验时仪器设备显示的数据均为有效数字，均应如实记录，包括估读数字。对于运算过程中的有效数字，应以误差理论和具体试验项目精度要求作为决定有效数字的基本依据。试验数据总是以一定位数的数字来表示的，究竟取几位数来表示试验结果才是有效的呢？是否小数点后面的数字越多就越正确？或者运算结果保留位数越多就越准确呢？其实不然，因为：第一，数据中小数点的位置不决定准确度，而与所用单位大小有关；第二，与试验仪器的精度有关，一般应记录到仪表最小刻度的十分之一位。例如：某液面计标尺的最小分度为 1 mm，则读数可以读到 0.1 mm。如液面高为 15.5 mm，即前两位是直接读出的，是准确的，最后一位是估计的，是欠准的或可疑的，称该数据为 3 位有效数字。如液面恰好在 15 mm 刻度上，则数据应记作 15.0 mm。

关于数字修约细则，GB/T 8170－2008《数值修约规则与极限数值的表示和判定》中对数字修约规则作了具体规定。各种量测值、计算值需要修约时，应按下列规则进行：

（1）在拟舍弃的数字中，保留数后边（右边）第一个数小于 5（不包括 5）时则舍去。保留数的末位数字不变。例如：将 14.2342 修约后为 14.2。

（2）在拟舍弃的数字中，保留数后边（右边）第一个数大于 5（不包括 5）时，则进 1。保留数的末位数字加 1。例如：将 26.4843 修约到保留一位小数，则修约后为 26.5。

（3）在拟舍弃的数字中，保留数后边（右边）第一个数等于 5 时，5 后边的数字并非全部为零时，则进 1，即保留数末位数字加 1。例如：将 1.0501 修约到保留小数一位，则修约后为 1.1。

（4）在拟舍弃的数字中，保留数后边（右边）第一个数等于 5 时，5 后边的数字全部为零时，保留数的末位数字为奇数时则进 1；若保留数的末位数字为偶数（包括"0"）则不进。

例如：将下列数字修约到保留一位小数

修约前 0.3500　　　修约后 0.4

修约前 0.4500　　　修约后 0.4

修约前 1.0500　　　修约后 1.0

（5）所舍弃的数字，若为两位以上的数字，不得连续进行多次（包括两次）修约。应根据保留后边（右边）第一数字的大小，按上述规定一次修约出结果。例如：将 15.4546 修约成整数，即为 15。

（6）负数修约时，先将它的绝对值按前述步骤的规定进行修约，然后在所得值前面加上负号。

1.2.4　科学计数法

在科学与工程中，为了清楚地表达有效数或数据的精度，通常将有效数写出并在第一位数后加小数点，而数值的数量级由 10 的整数幂来确定，这种以 10 的整数幂来记数的方法称作科学记数法。例如：0.0097 应记作 9.7×10^{-3}。

1.2.5　有效数的运算

有效数的运算一般应遵循以下原则：

（1）加减法运算。各不同位数有效数相加减，其和或差的有效数等于其中位数最少的一个。

（2）乘除法计算。乘积或商的有效数，其位数与各乘、除数中有效数最少的相同。对于 π, e 等常数，因为其有效位数可多可少，根据实际需要选取。

（3）乘方与开方运算。乘方、开方后的有效数与其底数相同。

（4）对数运算。对数的有效数位数与其真数相同。

（5）在 4 个数以上的平均值计算中，其平均值的有效数字可较各数据中最小有效位数多一位。

（6）所有取自手册上的数据，其有效数按计算需要选取，但原始数据如有限制，则应服从原始数据。

（7）对于没有特别说明的情况，在土木工程材料试验中一般可取 3 位有效数，因为这已足够精确。

1.3　试验数据统计分析

1.3.1　统计特征

1. 算术平均值

算术平均值反映了样本数据集中的位置，代表一批试验数据的平均水平。算术平均值可用下式表示：

$$\overline{X} = \frac{x_1 + x_2 + \cdots + x_i}{n} \qquad (1-1)$$

式中：$\overline{X}$ 代表算术平均值；$x_i(i=1, 2, 3, \cdots, n)$ 代表各试验数据值；n 代表试验样本个数。

2. 中位数

将数据按大小顺序排列，位于正中间的数据称为中位数。

一组试验数据按大小顺序排列，当测量数据的个数为奇数时，中间一个数据即为中位数；当测量数据的个数为偶数时，中位数为中间相临两个测量值的平均值。它的优点是能简单直观地说明一组测量数据的结果，且不受两端具有过大误差数据的影响；缺点是不能充分利用数据，因而不如平均值准确。

3. 标准差

标准差是衡量数据波动性的指标。标准差可用下式表示：

$$s = \sqrt{\frac{(x_1 - \overline{X})^2 + (x_2 - \overline{X})^2 + \cdots + (x_n - \overline{X})^2}{n-1}} \qquad (1-2)$$

4. 变异系数

标准差是表示数据绝对波动大小的指标，当测量值较大时，绝对误差一般较大；而测量值较小时，绝对误差一般较小。可以用标准差与算术平均值之比来表示误差的大小，即变异系数。变异系数可用下式表示：

$$C_v = \frac{s}{\overline{X}} \times 100 \qquad (1-3)$$

式中：C_v——变异系数，%。

5. 极差

一组测量数据中最大值和最小值之差，称为极差。极差可用于衡量一组试验数据的分散性。极差可用下式表示：

$$R = X_{max} - X_{min} \qquad (1-4)$$

1.3.2 随机误差的正态分布

1. 频数分布

在所有测量结果中，由于有偶然误差存在，试验结果有高有低，有两头小、中间大的变化趋势，即在平均值附近的数据出现机会最多，如图 1-1 所示。

2. 正态分布

随机误差一般服从正态分布，即高斯分布，其数学表达式见式(1-5)。两组精密度不同的测量值的正态分布见图 1-2。

$$y = f(x) = \frac{1}{\sigma\sqrt{2\pi}} e^{-(x-\mu)^2/2\sigma^2} \qquad (1-5)$$

式中：y——概率密度；

x——测量值；

μ——总体平均值，即无限次测量结果的平均值，无系统误差时即为真值；

σ——标准偏差。

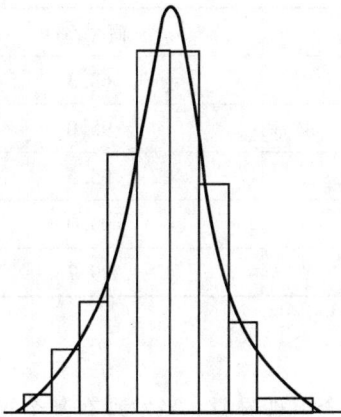

图1-1　相对频数分布直方图

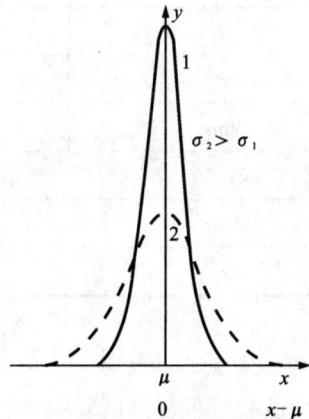

图1-2　精密度不同的测量值的正态分布图

正态分布满足以下规律：

（1）$x = \mu$ 时，y 值最大，体现了测量值的集中趋势。大多数测量值集中在算术平均值的附近，算术平均值是最可信赖值，能很好地反映测量值的集中趋势。

（2）曲线以 $x = \mu$ 直线为其对称轴，说明正误差和负误差出现的概率相等。

（3）当 x 趋于 $-\infty$ 或 $+\infty$ 时，曲线以 x 轴为渐近线。即小误差出现概率大，大误差出现概率小，出现很大误差概率极小，趋于零。

（4）σ 越大，测量值落在 μ 附近的概率越小。即精密度越差时，测量值的分布就越分散，正态分布曲线也就越平坦。反之，σ 越小，测量值的分散程度就越小，正态分布曲线也就越尖锐。σ 反映测量值分布分散程度。

3. 标准正态分布

定义统计量 u，见公式（1-6），则 u 服从标准正态分布，此时曲线的形状与 σ 的大小无关。

$$u = \frac{x - u}{\sigma} \tag{1-6}$$

4. 随机误差的区间概率

正态分布曲线与横坐标 $-\infty$ 到 $+\infty$ 之间所夹的面积，代表所有数据出现概率的总和，其值应为1，其概率 P 满足公式（1-7）。

$$P = \int_{-\infty}^{+\infty} \frac{1}{\sqrt{2\pi}} e^{-u^2/2} \mathrm{d}u \tag{1-7}$$

随机误差的概率分布见表1-1。

1.3.3　可疑数据的取舍

1. 试验数据的分布规律

土木工程材料试验过程中获取的试验数据，大多数服从正态分布规律，可用观测值的平均值、标准差等统计量来进行描述。但也有部分试验数据并不服从正态分布规律，称为非正态分布。

表 1 -1　随机误差概率分布

u	测量值 x 出现区间	概率/%
$\pm 1\sigma$	$x = u \pm \sigma$	68.3
$\pm 1.96\sigma$	$x = u \pm 1.96\sigma$	95.0
$\pm 2\sigma$	$x = u \pm 2\sigma$	95.5
$\pm 2.58\sigma$	$x = u \pm 2.58\sigma$	99.0
$\pm 3\sigma$	$x = u \pm 3\sigma$	99.7

2. 可疑数据的取舍方法

在平行试验或重复性试验中,个别的试验数据可能会出现异常,当发现有某个过大或过小的可疑数据时,应按数理统计方法加以判别并进行取舍,常用的方法有三倍标准差法和格拉布斯法等。

(1)三倍标准差法。

由正态分布的 $3s$ 原则可知,每个测量值落在 $(\bar{X} \pm 3s)$ 的概率为 99.73%,那么落在这个区间之外的概率仅为 0.27%,因此在有限的试验次数中发生这种情况的可能性是很小的。一旦试验数据中出现这种结果,则可以认为是可疑的,是不可靠的,故可以剔除。当某一试验数据 (x_i) 与其算术平均值 $\bar{X}$ 之差大于 3 倍标准偏差时,该数据应该舍弃,见公式(1 -8)。

$$|x_i - \bar{X}| > 3s \tag{1-8}$$

另外,当某一试验数据与平均值之差大于 2 倍标准偏差(即 $|x_i - \bar{X}| > 2s$)时,该试验数据可作为存疑数据对待,根据其他情况进行综合判断,决定保留或剔除。

(2)格拉布斯法。

进行 n 次重复试验,测得结果为 $x_1, x_2, \cdots, x_n$,假定试验结果 x_i 服从正态分布。将按其由小到大顺序重新排序,得:

$$x(1) \leqslant x(2) \leqslant \cdots \leqslant x(n) \tag{1-9}$$

根据顺序统计原则,计算标准化顺序统计量 g:

当最小值 $x_{(1)}$ 可疑时,$g = \dfrac{\bar{X} - x_{(1)}}{s}$;当最大值 $x(n)$ 可疑时,则 $g = \dfrac{x_{(n)} - \bar{X}}{s}$。

根据格拉布斯统计量的分布,在要求的显著性水平 α(一般可取 $\alpha = 0.05$)下,可求得判别可疑数据的临界值 $g_0(\alpha, n)$,常见的格拉布斯系数见表 1 -2。格拉布斯法的判别标准为:

$$g \geqslant g_0(\alpha, n) \tag{1-10}$$

1.3.4　回归分析法

在进行试验结果分析时,经常要用到回归分析法。所谓回归分析法,是在掌握大量观察数据的基础上,利用数理统计方法建立因变量与自变量之间的回归关系函数表达式。回归分析中,当研究的因果关系只涉及因变量和一个自变量时,称为一元回归分析;当研究的因果关系涉及因变量为两个或两个以上自变量时,叫做多元回归分析。此外,回归分析中,又依据描述自变量与因变量之间因果关系的函数表达式是线性的还是非线性的,分为线性回归分析和非线性回归分析。通常线性回归分析法是最基本的分析方法,遇到非线性回归问题可以借助数学手段转化为线性回归问题进行处理。

　　为了便于计算，在进行回归分析时，可以借助 Origin、Matlab 等数据处理软件或电子表格 Excel 来进行。

表 1-2　格拉布斯系数 $g_0(\alpha, n)$

n	α		n	α		n	α	
	0.01	0.05		0.01	0.05		0.01	0.05
3	1.15	1.15	13	2.61	2.33	23	2.96	2.62
4	1.49	1.46	14	2.66	2.37	24	2.99	2.64
5	1.75	1.67	15	2.70	2.41	25	3.01	2.66
6	1.94	1.83	16	2.74	2.44	30	3.10	2.74
7	2.10	1.94	17	2.78	2.47	35	3.18	2.81
8	2.22	2.03	18	2.82	2.50	40	3.24	2.87
9	2.32	2.11	19	2.85	2.53	50	3.34	2.96
10	2.41	2.18	20	2.88	2.56	100	3.59	3.17
11	2.48	2.24	21	2.91	2.58			
12	2.55	2.29	22	2.94	2.60			

第2章 砂石试验

砂石材料是土木工程中大量使用的原材料，其技术性质必须符合相关标准的规定。通过测定密度、表观密度、体积密度、堆积密度等指标，可了解砂石材料的物理性能，也可计算出砂石材料的孔隙率及空隙率，从而了解其结构与构造特征。由于材料结构和构造特征是决定材料强度、吸水率、抗渗性、抗冻性、耐腐蚀性、导热性及吸声等性能的重要因素，因此，可以通过试验了解砂石材料的物理力学性质，并进一步掌握砂石材料的特性和使用功能。

2.1 密度试验

材料的密度是指材料在绝对密实状态下，单位体积的质量。因此，砂石材料的密度是砂石材料所固有的特性，跟孔隙多少无关。

2.1.1 仪具与材料

李氏瓶(见图2-1)、筛子(孔径0.20 mm或900孔/cm²)、量筒、烘箱(见图2-2)、干燥器、物理天平、温度计、漏斗、小勺等。

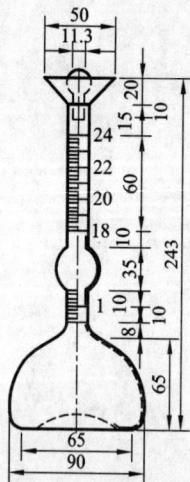

图2-1 李氏比重瓶
(单位:mm)

图2-2 烘箱

(1)将试样破碎、磨细，全部通过0.20 mm孔筛后，放到(105±5)℃的烘箱中，烘至恒重。

(2)将烘干的粉料放入干燥器中冷却至室温待用。

2.1.2　试验方法与步骤

（1）在李氏瓶中注入无水煤油至突颈下部，记下刻度（V_1）。

（2）用天平称取 60～90 g 试样（m_1），用小勺和漏斗小心地将试样徐徐送入李氏瓶中（不能大量倾倒，会妨碍李氏瓶中空气排出或使咽喉位堵塞），直至液面上升至 20 mL 左右的刻度为止。

（3）用瓶内的煤油将粘附在瓶颈和瓶壁的试样洗入瓶内煤油中，转动李氏瓶使煤油中气泡排出，记下液面刻度（V_2）。

（4）称取未注入瓶内剩余试样的质量（m_2），计算出装入瓶中试样质量 m。

（5）将注入试样后的李氏瓶中液面读数 V_2 减去未注前的读数 V_1，得出试样的绝对体积 V。

2.1.3　结果计算

（1）按下式计算出密度（精确至 0.01 g/cm^3）：

$$\rho = \frac{m_1 - m_2}{V_2 - V_1} \qquad (2-1)$$

（2）密度试验需用两个试样平行进行，以其计算结果的算术平均值作为最后结果。但两次结果之差不应大于 0.02 g/cm^3，否则重做。

2.2　表观密度试验

表观密度是指材料在自然状态下，单位体积（包括材料的绝对密实体积与内部封闭孔隙体积）的质量。试验方法有容量瓶法和广口瓶法，其中容量瓶法用来测定砂的表观密度，广口瓶法用来测定石子的表观密度。以砂和石子为例分别介绍两种试验方法。

2.2.1　砂的表观密度试验

1. 主要仪器设备

容量瓶（500 mL）、天平、干燥器、浅盘、铝制料勺、温度计、烘箱、烧杯等。

2. 试验方法及步骤

（1）试样制备。将 660 g 左右的试样在温度为（105 ±5）℃的烘箱中烘干至恒重，并在干燥器内冷却至室温，分为大致相等的两份待用。

（2）称取烘干的试样 300 g（m_0），精确至 1 g，将试样装入容量瓶，注入冷开水至接近 500 mL 的刻度处，摇转容量瓶，使试样在水中充分搅动，排除气泡，塞紧瓶塞。静置 24 h。

（3）静置后用滴管添水，使水面与瓶颈 500 mL 刻度线平齐，再塞紧瓶塞，擦干瓶外水分，称取其质量（m_1），精确至 1 g。

（4）倒出瓶中的水和试样，将瓶的内外表面洗净。再向瓶内注入与前面水温相差不超过 2℃，并在（15～25）℃范围内的冷开水至瓶颈 500 mL 刻度线，塞紧瓶塞，擦干瓶外水分，称取其质量（m_2），精确至 1 g。

3. 结果计算

（1）按下式计算砂的表观密度 ds（精确至 10 kg/m^3）：

$$d_s = \left[\frac{m_0}{m_0 + m_2 - m_1} \right] \times 1000 \ (\text{kg/m}^3) \qquad (2-2)$$

(2)表观密度应用两份试样分别测定，并以两次结果的算术平均值作为测定结果，精确至 10 kg/m³，如两次测定结果的差值大于 20 kg/m³ 时，应重新取样测定。

2.2.2 石子表观密度试验

1. 主要仪器设备

广口瓶、烘箱、天平、筛子、浅盘、带盖容器、毛巾、刷子、玻璃片等。

2. 试样制备

将试样筛去 4.75 mm 以下的颗粒，用四分法缩分至表 2-1 规定的数量，洗刷干净后，分成大致相等的两份备用。

表 2-1　表观密度试验所需试样数量

最大粒径/mm	小于 26.5	31.5	37.5	63.0	75.0
最少试样质量/kg	2.0	3.0	4.0	6.0	6.0

3. 试验方法与步骤

(1)将试样浸水饱和后，装入广口瓶中，装试样时广口瓶应倾斜放置，然后注满饮用水，用玻璃片覆盖瓶口，以上下左右摇晃的方法排除气泡。

(2)气泡排尽后，向瓶内添加饮用水，直至水面凸出到瓶口边缘，然后用玻璃片沿瓶口迅速滑行，使其紧贴瓶口水面。擦干瓶外水分后，称取试样、水、瓶和玻璃片的质量(m_1)，精确至 1 g。

(3)将瓶中的试样倒入浅盘中，置于(105 ± 5)℃的烘箱中烘干至恒重，取出放在带盖的容器中冷却至室温后称出试样的质量(m_0)，精确至 1 g。

(4)将瓶洗净，重新注入饮用水，用玻璃片紧贴瓶口水面，擦干瓶外水分后称出质量(m_2)，精确至 1 g。

4. 试验结果计算

(1)按下式计算石子的表观密度 d_G(精确到 10 kg/m³)：

$$d_G = \left[\frac{m_0}{m_0 + m_2 - m_1} \right] \times 1000 \ (\text{kg/m}^3) \qquad (2-3)$$

(2)表观密度应用两份试样分别测定，并以两次结果的算术平均值作为测定结果，如两次结果之差大于 20 kg/m³，应重新取样试验；对颗粒材质不均匀的试样，如两次试验结果之差值超过 20 kg/m³，可取 4 次测定结果的算术平均值作为测定值。

2.3　堆积密度试验

堆积密度是指粉状或颗粒状材料，在堆积状态下，单位体积(包括组成材料的孔隙、堆积状态下的空隙和密实体积之和)的质量。堆积密度的测定根据所测定材料的粒径不同，而采用不同的方法,但原理相同。

2.3.1 砂堆积密度试验

1. 主要仪器设备

标准容器(金属圆柱形,容积为 1 L)、标准漏斗、台秤、铝制料勺、烘箱、直尺等。

2. 试验方法及步骤

用四分法缩取砂样约 3 L,试样放入浅盘中,将浅盘放入温度为 $105 \pm 5℃$ 的烘箱中烘至恒重,取出冷却至室温,分为大致相等的两份待用。

(1)称取标准容器的质量(m_1)及测定标准容器的体积(V_0);将标准容器置于下料漏斗下面,使下料漏斗对正中心。

(2)取试样一份,用铝制料勺将试样装入下料漏斗,打开活动门,使试样徐徐落入标准容器(漏斗出料口或料勺距标准容器筒口为 5 cm),直至试样装满并超出标准容器筒口。

(3)用直尺将多余的试样沿筒口中心线向两个相反方向刮平,称其质量(m_2),精确至 1 g。

3. 试验结果计算

(1)试样的堆积密度 d_0 按下式计算(精确至 $10 \ \text{kg/m}^3$):

$$d_0 = \frac{m_2 - m_1}{V_0} \tag{2-4}$$

(2)堆积密度应用两份试样测定,并以两次结果的算术平均值作为测定结果。

2.3.2 石子堆积密度试验

1. 主要仪器设备

标准容器(根据石子最大粒径选取,见表 2-2)、台秤、小铲、烘箱、直尺等。

表 2-2 标准容器规格

石子最大粒径/mm	标准容器/L	标准容器尺寸/mm		
		内径	净高	壁厚
9.5,16.0,19.0,26.5	10	208	294	2
31.5,37.5	20	294	294	3
53.0,63.0,75.0	30	360	294	4

2. 试验方法及步骤

石子取样烘干或风干后,拌匀并将试样分为大致相等的两份备用。

(1)称取标准容器的质量(m_1)及测定标准容器的体积(V_0)。

(2)取一份试样,用小铲将试样从标准容器上方 50 mm 处徐徐加入,试样自由落体下落,直至容器上部试样呈锥体且四周溢满时,停止加料。

(3)除去凸出容器表面的颗粒,并以合适的颗粒填入凹陷部分,使表面凸起部分体积和凹陷部分体积大致相等。称取总质量(m_2),精确至 10 g。

3. 试验结果计算

(1)试样的堆积密度 d_0，按下式计算(精确至 10 kg/m^3)：

$$d_0 = \frac{m_2 - m_1}{V_0} \tag{2-5}$$

(2)堆积密度应用两份试样测定，并以两次结果的算术平均值作为测定结果。

2.4 筛分析试验

筛分析是让颗粒状砂石试样通过一系列不同筛孔的标准筛，将其分离成若干个粒级，分别称重，求得以质量百分数表示的粒度分布。

为了试验取的样品具有代表性，在砂石料堆上取样时，应先铲除堆脚等处无代表性的部分，再在料堆的顶部、中部和底部各均匀分布的几个不同部位，取得大致相等的若干份组成一组试样，务必使所取试样能代表材料的情况和质量。

将四分法式分料器法缩分的试样，置于 $(105 \pm 5)℃$ 的烘箱中烘至恒重，冷却至室温后先筛除大于 9.50 mm 的颗粒(并记录其含量)，分为大致相等的两份备用。试样缩分方法如图 2-3 所示。

将所取试样置于平板上，在自然状态下拌和均匀，大致摊平，然后沿互相垂直的两个方向，把试样由中向边摊开，分成大致相等的四份，取其对角的两份重新拌匀，重复上述过程，直至缩分后的材料量略多于进行试验所必需的量。

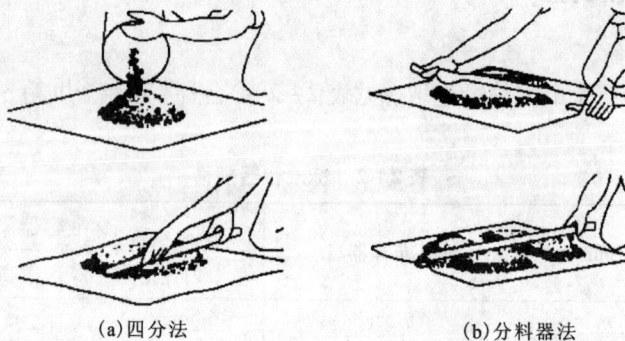

(a)四分法　　　　　　　　　(b)分料器法

图 2-3 试样缩分示意图

2.4.1 砂的筛分析试验

1. 试验目的和意义

通过砂的筛分析试验，确定砂的颗粒级配与粗细程度。

2. 主要仪器设备

摇筛机(图 2-4)、标准筛(孔径为 150 μm, 300 μm, 600 μm, 1.18 mm, 2.36 mm, 4.75 mm 和 9.50 mm 的方孔筛)(图 2-5)、天平、烘箱、浅盘、毛刷和容器等。

图 2-4　摇筛机

图 2-5　标准筛

3. 试验方法及步骤

(1)准确称取试样 500 g(精确至 1 g)。

(2)将标准筛按孔径由大到小顺序叠放,加底盘后,将试样倒入最上层 4.75 mm 筛内,加盖后,置于摇筛机上,摇筛 10 min(也可用手筛)。

(3)将整套筛自摇筛机上取下,按孔径大小,逐个用手于洁净的盘上进行筛分,筛至每分钟通过量不超过试样总重的 0.1% 为止,通过的颗粒导入下一号筛内并和下一号筛中的试样一起过筛。直至各号筛全部筛完为止。

(4)称量各号筛的筛余量(精确至 1 g)。分计筛余量和底盘中剩余重量的总和与筛分前的试样重量之比,其差值不得超过 1% 。

超过时应按下列方法之一进行处理:

(1)将该粒级试样分成少于上式计算出的量,分别筛分,并以筛余量之和作为该号筛的筛余量。

(2)将该粒级及以下各粒级的筛余混合均匀,称出其质量,精确至 1 g。再用四分法缩分为大致相等的两份,取其中一份,称出其质量,精确至 1 g,继续筛分。计算该粒级及以下各粒级的分计筛余量时应根据缩分比例进行修正。

4. 试验结果计算及分析

(1)分计筛余百分率——各筛的筛余量除以试样总量的百分率,精确至 0.1% 。

(2)累计筛余百分率——该筛上的分计筛余百分率与大于该筛的分计筛余百分率之和,精确到 1% 。

(3)细度模数 M_x 按下式计算,精确至 0.01。

$$M_x = \frac{(A_2 + A_3 + A_4 + A_5 + A_6 - 5A_1)}{100 - A_1} \tag{2-6}$$

式中:A_1,A_2,A_3,A_4,A_5,A_6 分别为 4.75 mm,2.36 mm,1.18 mm,600 μm,300 μm,150 μm 孔径筛上的累计筛余百分率(%)。

根据细度模数的大小来确定砂的粗细程度。

当　$M_x = 3.1 \sim 3.7$ 时为粗砂。

$M_x = 2.3 \sim 3.0$ 时为中砂。

$M_x = 1.6 \sim 2.2$ 时为细砂。

（4）累计筛余百分率取两次试验结果的算术平均值，精确至1%。细度模数取两次试验结果的算术平均值，精确至0.1。如两次试验的细度模数之差超过0.2时，须重新试验。

2.4.2 石子的筛分析试验

1．试验目的和意义

测定粗骨料的颗粒级配及粒级规格，合理进行级配设计对于节约水泥和提高混凝土强度是有利的，同时石子筛分析试验结果为使用骨料和混凝土配合比设计提供了依据。

2．主要仪器设备

摇筛机、方孔筛（孔径规格为2.36 mm，4.75 mm，9.50 mm，16.0 mm，19.0 mm，26.5 mm，31.5 mm，37.5 mm，53.0 mm，63.0 mm，75.0 mm 和90mm）、天平、台秤、烘箱、容器、浅盘等。

3．试验准备

按规定方法取样，并将试样缩分至略大于表2-3规定的数量，烘干或风干后备用。根据需要可按要求的集料最大粒径的筛孔尺寸过筛，除去超粒径部分颗粒后，再进行筛分。

表2-3 石子筛分析所需试样的最小质量

最大粒径/mm	9.5	16.0	19.0	26.5	31.5	37.5	63.0	75.0
试样质量不少于/kg	1.9	3.2	3.8	5.0	6.3	7.5	12.6	16.0

4．试验方法及步骤

（1）水泥混凝土用粗骨料干筛法试验步骤：

①称取按表2-3规定数量的试样一份，置于（105±5）℃的烘箱中烘干至恒重，称取干燥集料试样的总质量（m_0），精确至1 g，将试样倒入按孔径大小从上到下组合、附底筛的套筛上进行筛分。

②将套筛置于摇筛机上，筛分10 min；取下套筛，按筛孔尺寸大小顺序逐个手筛，筛至每分钟通过量小于试样总质量的0.1%为止。通过的颗粒并入下一号筛中，并和下一号筛中的试样一起过筛，按此顺序进行，直至各号筛全部筛完为止。

③如果某个筛上的集料过多，影响筛分作业时，可以分两次筛分，当筛余颗粒的粒径大于19.00 mm 时，在筛分过程中，允许用手指拨动颗粒。

④称出各号筛的筛余量，精确至总质量的0.1%，试样在各号筛上的筛余量和筛底上剩余量的总量与筛分前后的试样总量（m_0）相差不得超过后者的0.5%。

注：由于0.075 mm 筛干筛几乎不能反沾在粗集料表面的小于0.075 mm，部分的石粉筛过去，而且对水泥混凝土用粗集料而言，0.075 mm 通过率意义不大，所以也可以不筛，且把通过0.15 mm 筛的筛下部分作为0.075 mm 的分计筛余，将粗集料的0.075 mm 通过率假设为0。

（2）沥青混合料及基层用粗骨料水洗法试验步骤：

①称取一份试样，置于(105 ± 5)℃的烘箱中烘干至恒重，称取干燥集料试样的总质量(m_3)，准确至 1 g。

②将试样置一洁净容器中，加入足够数量的洁净水，将集料全部盖没，但不得使用任何洗涤剂或表面活性剂。

③用搅棒充分搅动集料，使集料表面洗涤干净，使细粉悬浮在水中，但不得破碎集料或有集料从水中溅出。

④根据集料大小选择一组套筛，其底部为 0.075 mm 标准筛，上部为 2.36 mm 或 4.75 mm 筛，仔细将容器中混有细粉的悬浮液徐徐倒出，经过套筛流入另一容器中，不得有集料倒出。

⑤重复 2～4 步骤，直至倒出的水洁净。

⑥将套筛的每个筛子上的集料及容器中的集料倒入搪瓷盘中，操作过程中不得有集料散失。

⑦将搪瓷盘连同集料一起置于(105 ± 5)℃的烘箱中烘干至恒重，称取干燥集料试样的总质量(m_4)，准确至 1 g，m_3 与 m_4 之差即为通过 0.075 mm 部分。

⑧将回收的干燥集料按干筛法分出 0.075 mm 筛以上各筛的筛余量，此时 0.075 mm 筛上部分应为 0.0。

5. 试验结果计算

（1）干筛法筛分结果的计算。

①计算分计筛余百分比：各号筛的筛余量与试样总量之比，计算精确至 0.1%。

②计算累计筛余百分比：该号筛的筛余百分比加上该号筛以上各筛余百分比之和，计算精确至 0.1%。筛分后，如每号筛的筛余量与筛底的剩余量之和同原试样质量之差超过 1% 时，须重新试验。

③根据各号筛的累计筛余百分比，评定该试样的颗粒级配。

（2）水筛法筛分结果的计算。

①按下式计算粗集料中 0.075 mm 筛筛下部分质量 $m_{0.075}$ 和含量 $P_{0.075}$，准确至 0.1%。当两次试验结果 $P_{0.075}$ 的差值超过 1% 时，试验应重新进行

$$m_{0.075} = m_3 - m_4 \tag{2-7}$$

$$P_{0.075} = m_{0.075}/m_3 = (m_3 - m_4)/m_3 \tag{2-8}$$

式中：$P_{0.075}$——粗集料中小于 0.075 mm 的含量（通过率），%；

$m_{0.075}$——粗集料中水洗得到的小于 0.075 mm 部分的质量，g；

m_3——用于水洗的干燥粗集料总质量，g；

m_4——水洗后的干燥粗集料总质量，g。

②计算各筛分计筛余量及筛底存量的总和与筛分前试样的干燥总质量 m_4 之差，作为筛分时的损耗，若大于 0.3%，应重新进行试验。

$$m_5 = m_3 - (\sum m_i + m_{0.075}) \tag{2-9}$$

式中：m_5——由于筛分造成的损耗，g；

m_3——用于水筛筛分的干燥集料总质量，g；

m_i——各号筛上的分计筛余，g；

i——依次为 0.075 mm，0.15 mm，…，至集料最大粒径的排序；

$m_{0.075}$——水洗后得到的 0.075 mm 筛以下部分质量，即$(m_3 - m_4)$g。

③计算其他各筛的分计筛余百分率、累计筛余百分率、通过百分率，计算方法与干筛法相同，当干筛筛分有损耗时，应按干筛法从总质量中扣除损耗部分。

④试验结果以两次试验的平均值表示。

2.5 石料单轴抗压强度试验

石料单轴抗压强度是石料标准试件吸水饱和后，在单向受压状态下破坏时的抗压强度。可以根据单轴抗压强度等技术指标进行岩石分级。

2.5.1 主要仪器设备

压力试验机（量程为 1000 kN）、锯石机（图 2-6）或钻石机、磨平机（图 2-7）、游标卡尺等。

图 2-6 锯石机

图 2-7 磨平机

2.5.2 试验方法及步骤

（1）用锯石机（或钻石机）从岩石试样（或岩芯）中制取边长 50 mm 的正立方体或直径与高均为 50 mm 的圆柱形试件，每 6 个试件作为一组。

对有显著层理的岩石，应取两组试件（即 12 个），分别测定其垂直和平行于层理的抗压强度值。

（2）用游标卡尺测定试件尺寸（精确到 0.1 mm），对于立方体试件在顶面和底面上各量取其边长，以各个面上相互平行的两个边长的算术平均值计算面积；对于圆柱体试件在顶面和底面上各量取相互正交的两个直径，以其算术平均值计算面积。取顶面和底面面积的算术平均值作为计算抗压强度所用的截面积。

（3）将试件泡水 48 h，水的深度高出试件 20 mm 以上。

（4）试件取出，擦干表面，放在压力机上进行试验，加载速度为 0.5~1 MPa/s。

（5）试件的抗压强度按下式计算（精确至 0.1 MPa）：

$$R = \frac{P}{A}$$
(2-10)

式中：R——抗压强度，MPa；

F——极限破坏荷载，N；

A——试件的截面积，mm^2。

2.5.3 试验结果计算

抗压强度取 6 个试件试验结果的算术平均值，并给出最小值，精确至 1 MPa。

2.6 石子的压碎指标值试验

石子的压碎指标值用于相对的衡量石子在逐渐增加的荷载下抵抗压碎的能力。由于水泥混凝土施工工艺(不需碾压)与沥青混合料施工工艺不同(需要碾压)，压碎值大小对其性能影响程度不同。国家标准和行业标准中对试验方法的规定也不尽相同。

2.6.1 主要仪器设备

压力试验机(量程 300 kN)、压碎值测定仪(见图 2-8)、垫棒(ϕ10 mm，长 500 mm)、天平(称量 1 kg，感量 1 g)、方孔筛(孔径分别为 2.36 mm，9.50 mm 和 19.0 mm)。

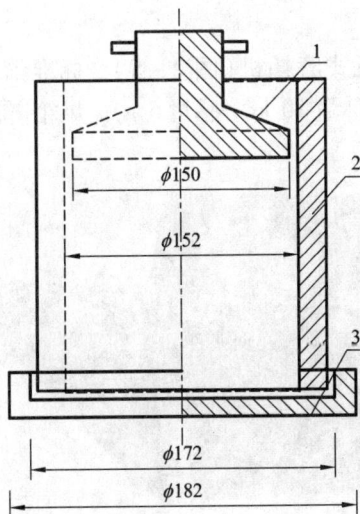

图 2-8　压碎值测定仪　(单位：mm)

1—加压头；2—圆模；3—底盘

2.6.2 试验方法及步骤

(1)将石料试样风干。筛除大于 19.0 mm 及小于 9.50 mm 的颗粒，并除去针片状颗粒。

(2)称取三份试样，每份 3000 g(m_1)，精确至 1 g。

(3)将试样分两层装入圆模，每装完一层试样后，在底盘下垫 ϕ10 mm 垫棒，将筒按住，左右交替颠击地面各 25 次,平整模内试样表面,盖上压头。

(4)将压碎值测定仪放在压力机上,按 1 kN/s 速度均匀地施加荷载至 200 kN,稳定 5 s 后卸载。

(5)取出试样,用 2.36 mm 的筛筛除被压碎的细粒,称出筛余质量(m_2),精确至 1 g。

(6)压碎指标值按下式计算,精确至 0.1%。

$$Q_\varepsilon = \frac{m_1 - m_2}{m_1} \times 100 \qquad\qquad (2-11)$$

式中:Q_ε——压碎指标值,%;

  m_1——试样的质量,g;

  m_2——压碎试验后筛余的质量,g。

2.6.3 试验结果计算

以三次平行试验结果的算术平均值作为压碎指标值的测定值,精确至 1%。

2.7 洛杉矶式磨耗试验

洛杉矶磨耗试验通过测定集料在磨耗介质材料的作用下其抵抗磨耗的能力。国家标准与行业标准中对于试验操作步骤的细节不尽相同。

2.7.1 主要仪器设备

小型碎石机或手锤、洛杉矶式磨耗机(图 2-9)、标准筛(2 mm、10 mm、20 mm、31.5 mm、40 mm 的圆孔筛)、台秤(称量 10 kg,感量 5 g)、烘箱[能使温度控制在(105±5)℃]。

图 2-9 洛杉矶式磨耗机

2.7.2 试验方法及步骤

(1)将块石用碎石机轧碎(或人工敲碎)用水洗净。置于温度为(105±5)℃的烘箱中,烘干至恒重。可按表 2-4 规定选取碎石试样,并准确称出试样总质量 m_1,准确至 5 g,以后各称量准确同此。

表 2 – 4　洛杉矶磨耗试验试样级配表

试样粒径/mm	40 ~ 31.5	31.5 ~ 20	20 ~ 10	共计
试样质量/g	2500 ± 25	1250 ± 12.5	1250 ± 12.5	5000 ± 50

（2）开启磨耗机转筒的筒盖，清理转筒，将选好的碎石试样置于筒内，并加直径为 46.8 mm 的钢球 12 个，每个质量为 390 ~ 445 g，总质量为（5000 ± 50）g，盖好筒盖，调整计数器至零。开动电动机，使圆筒以 30 ~ 33 r/min 的速度旋转。

（3）待圆筒旋转至 500 转，关闭电动机停止转动，取出试样置于 2 mm 的圆孔筛（或边长为 1.7 mm 的方孔筛）上，筛去石粉和石屑，然后将筛移至自来水龙头上，用水冲洗干净，将存留在筛上的试样在（105 ± 5）℃的烘箱中烘干至恒重，并准确称出磨耗后试样质量 m_2。

（4）石料磨耗损失按下式计算，精确至 0.1%。

$$Q_磨 = \frac{m_1 - m_2}{m_1} \times 100 \qquad (2 - 12)$$

式中：$Q_磨$——石料磨耗损失，%；

m_1——装入筒中的烘干石料试样质量，g；

m_2——试验后洗净烘干的石料试样质量，g。

2.7.3　试验结果计算

石料的磨耗损失取两次平行试验结果的算术平均值作为测定值。两次试验误差应不大于 2%，否则须重做试验。

思考题

1. 在混凝土工程中对砂的质量有何要求？为什么？
2. 什么是四分法？在进行筛分析试验时四分法的具体步骤是什么？
3. 干筛法与水筛法的适用范围有什么不同？

第3章 水泥试验

水泥技术性能包括化学指标、安定性、强度等,其中凝结时间等作为判断合格与否的指标,细度、碱含量等作为用户的选择性指标。

3.1 水泥细度试验

水泥细度是评定水泥质量的依据之一,通常细度可用透气式比表面积仪或筛析法测定。

3.1.1 目的与适用范围

水泥细度测定的目的,在于通过控制细度来保证水泥的水化活性,从而控制水泥质量。

3.1.2 主要仪器设备

负压筛析仪(图3-1)、筛座、天平等。

图3-1 负压筛析仪

3.1.3 试验方法及步骤

(1)负压筛法。

①筛析试验前,应把负压筛放在筛座上,盖上筛盖,接通电源,检查控制系统,调节负压至4000~6000 Pa范围内,喷气嘴上口平面应与筛网之间保持2~8 mm的距离。

②称取试样25 g,置于洁净的负压筛中。盖上筛盖,放在筛座上,开动筛析仪连续筛动2 min,在此期间如有试样附着在筛盖上,可轻轻地敲击,使试样落下。筛毕,用天平称量筛余物质量R_s(g)。

当工作负压小于4000 Pa时,应清理吸尘器内水泥,使负压恢复正常。

(2)水筛法。

①筛析试验前，应检查水中无泥、砂，调整好水压及水筛架的位置，使其能正常运转。喷头底面和筛网之间的距离为 35 ~ 75 mm。

②称取试样 50 g，置于洁净的水筛中，立即用洁净的水冲洗至大部分细粉通过后，放在水筛架上，用水压为（0.05 ± 0.02）MPa 的喷头连续冲洗 3 min。

③筛毕，用少量水把筛余物冲至蒸发皿中，等水泥颗粒全部沉淀后小心将水倾出，烘干并用天平称量筛余物。

3.1.4　试验结果计算

水泥试样筛余百分数按下式计算（精确至 0.1%）：

$$F = R_s / W \times 100 \tag{3-1}$$

式中：F——水泥试样的筛余百分数，%；

　　　R_s——水泥筛余物的质量，g；

　　　W——水泥试样的质量，g。

3.2　水泥标准稠度用水量试验（标准法）

3.2.1　目的与适用范围

标准稠度用水量是指水泥净浆以标准方法测定，在达到统一规定的浆体可塑性时，所需加的用水量，水泥的凝结时间和安定性都和用水量有关，因而使用标准稠度的水泥净浆可消除试验条件的差异，有利于比较，同时为进行凝结时间和安定性试验做好准备。

3.2.2　主要仪器设备

标准稠度仪［滑动部分的总重量为（300 ± 1）g］（见图 3-2）、装净浆用试模（见图 3-3）、净浆搅拌机等。

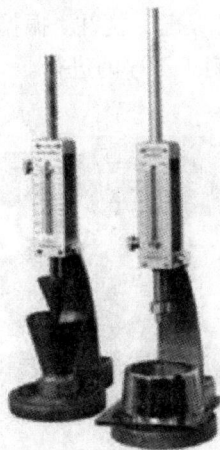

图 3-2　标准稠度仪

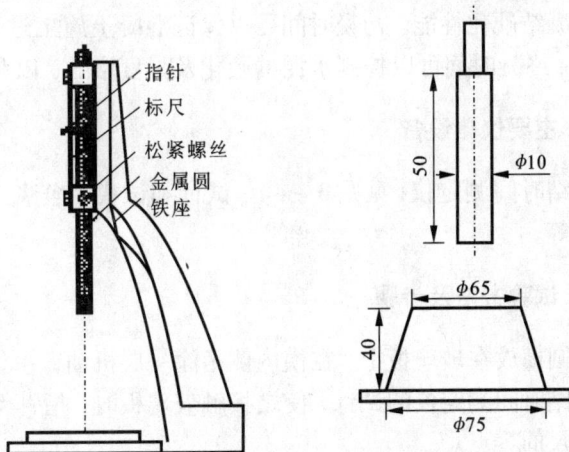

图 3-3　试杆和试模（单位：mm）

3.2.3　试验方法及步骤

试验前必须检查稠度仪的金属棒能否自由滑动,调整指至试杆接触玻璃板时,指针应对准标尺的零点,搅拌机运转正常。

(1)用湿布擦抹水泥净浆搅拌机的筒壁及叶片。

(2)称取 500 g 水泥试样。

(3)量取拌和水(按经验确定),水量精确至 0.1 mL,倒入搅拌锅。

(4)5~10 s 内将水泥加入水中。

(5)将搅拌锅放到搅拌机锅座上,升至搅拌位置,开动机器,同时徐徐加入拌和水,慢速搅拌 120 s,停拌 15 s,接着快速搅拌 120 s 后自动停机。

(6)拌和完毕,立即将净浆一次装入玻璃板上的试模中,用小刀插捣并轻轻振动数次,刮去多余净浆,抹平后迅速将其放到稠度仪上,将试杆恰好降至净浆表面,拧紧螺丝 1~2 s 后,突然放松,让试杆自由沉入净浆中,到 30 s 时,记录试杆距玻璃板距离,整个操作过程应在搅拌后 1.5 min 内完成。

3.2.4　试验结果计算

调整用水量以试杆沉入净浆并距底板(6±1)mm 时的水泥净浆为标准稠度净浆,此拌和用水量即为水泥的标准稠度用水量(按水泥质量的百分比计)。如超出范围,须另称试样,调整水量,重做试验,直至达到(6±1)mm 时为止。

3.3　水泥净浆凝结时间试验

3.3.1　目的与适用范围

测定水泥加水至开始失去可塑性(初凝)和完全失去可塑性(终凝)所用的时间,以评定水泥的凝结硬化性能。初凝时间可以保证混凝土施工过程(即搅拌、运输、浇注、振捣)的顺利完成。终凝时间可以控制水泥的硬化及强度增长,以利于下一道施工工序的进行。

3.3.2　主要仪器设备

凝结时间测定仪(见图 3-4)、试针和试模、净浆搅拌机等。

3.3.3　试验方法及步骤

将圆模放在玻璃板上,在模内侧稍涂一层机油,并调整凝结时间测定仪的试针,使之接触玻璃板时,指针对准标尺的零点。

图 3-4　凝结时间测定仪

(1)用标准稠度用水量拌制成水泥净浆,一次装入圆模,振动数次后刮平,然后放入标准养护箱内,记录水泥全部加入水中的时间作为凝结时间的起始时间。

（2）凝结时间测定：在加水后 30 min 时进行第一次测定。

初凝时间的测定：测定时，从养护箱内取出试模，放到试针下，使试针与净浆面接触，拧紧螺丝 1~2 s 后再突然放松，试针自由垂直地沉入净浆，观察试针停止下沉或释放指针 30 s 时指针的读数。当试针下沉至距离底板(4±1) mm 时，即为水泥达到初凝状态。

最初测定时，应轻轻扶持试针的滑棒，使之慢慢下降，以防试针撞弯，但初凝时间必以自由降落的指针读数为准。

终凝时间的测定：测定时，试针更换成带环型附件的终凝试针。完成初凝时间测定后，立即将试模和浆体以平移的方式从玻璃板中取下，翻转 180°，直径小端向下放在玻璃板上，再放入养护箱中继续养护。当试针沉入浆体 0.5 mm，且在浆体上不留环型附件的痕迹时即为水泥达到终凝时间。当临近初凝时，每隔 5 min 测定一次，临近终凝时，每隔 15 min 测定一次，到达初凝或终凝时，应立即重复测一次；整个测试过程中试针沉入的位置距试模内壁大于 10 mm；每次测定不得让试针落于原针孔内，每次测定完毕，须将试模放回养护箱内，并将试针擦净。整个测试过程中试模不得受到振动。

3.3.4 试验结果的确定

初凝时间是指：自水泥全部加入水中时起，至初凝试针沉入净浆中距离底板(4±1) mm 时，所需的时间即为初凝时间。

终凝时间是指：自水泥全部加入水中时起，至终凝试针沉入净浆中 0.5 mm，且不留环型痕迹时，所需的时间即为终凝时间。

3.4 水泥沸煮安定性试验（雷氏夹法）

水泥沸煮安定性试验有标准法（雷氏夹法）和代用法（试饼法），主要用于检验水泥中游离氧化钙引起的安定性问题，当试验结果有争议时以雷氏夹法为准。

3.4.1 目的与适用范围

安定性是指水泥硬化后体积变化的均匀性，体积变化的不均匀会引起水泥石膨胀、开裂或翘曲等破坏现象，从而导致工程质量事故的发生，因此必须严格禁止安定性不良的水泥用于工程建设中。

3.4.2 主要仪器设备

沸煮箱（图 3-5）、雷氏夹（图 3-6）、雷氏夹膨胀值测量仪、水泥净浆搅拌机、玻璃板等。

3.4.3 试验方法及步骤

（1）用标准稠度用水量拌制成水泥净浆，然后制作试件。

将预先准备好的雷氏夹，放在已擦过油的玻璃板上，并将已制好的标准稠度净浆一次装满雷氏夹，装模时一只手轻轻扶雷氏夹，另一只手用宽约 10 mm 的小刀插捣数次，然后抹平，盖上稍涂油的玻璃板，接着将试件移至标准养护箱内养护(24±2) h。

图 3-5 沸煮箱

图 3-6 雷氏夹

(2)调整好沸煮箱的水位,使之能在整个沸煮过程中都没过试件,并能保证在(30±5) min 内升至沸腾并恒沸(180±5) min。

(3)脱去玻璃板,取下试件。

先测量试件指针头端间的距离 A,精确到 0.5 mm,接着将试件放入水中试件架上,指针朝上,试件之间互不交叉,然后在(30±5) min 内加热至沸,并恒沸(180±5) min。

3.4.4 结果鉴定

雷氏夹法鉴定:测量试件指针头端间的距离 C,精确至 0.5 mm。当两个试件煮后增加距离($C-A$)的平均值不大于 5.0 mm 时,即安定性合格,反之为不合格。当两个试件的($C-A$)值相差超过 4 mm 时,应用同一样品立即重做一次试验。

3.5 水泥胶砂强度试验

3.5.1 目的与适用范围

根据国家标准要求,用软练胶砂法测定水泥各龄期的强度,从而确定或检验水泥的强度等级。

3.5.2 主要仪器设备

行星式水泥胶砂搅拌机(图 3-7)、胶砂振实台(台面有卡具)(图 3-8)、模套、试模(三联模)、抗折试验机(图 3-9)、抗压试验机(图 3-10)及抗折与抗压夹具、刮平直尺等。

3.5.3 试验方法及步骤

1. 试验前准备

将试模擦净,四周模板与底座的接触面应涂黄油,紧密装配,防止漏浆,内壁均匀刷一层薄机油。水泥与标准砂的质量比为1:3,水灰比为0.5。每成型三条试件需称量水泥(450±2) g,标准砂(1350±5) g。拌和用水量为(225±1) mL。

图 3 - 7　行星式水泥胶砂搅拌机

图 3 - 8　胶砂振实台

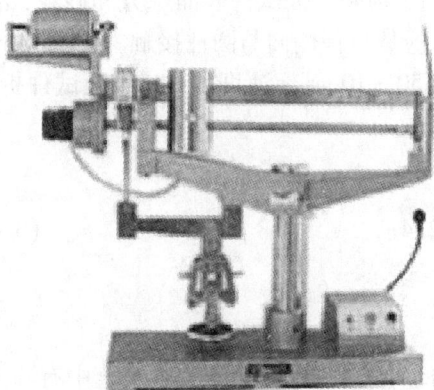

图 3 - 9　抗折试验机

图 3 - 10 抗压试验机

2. 试件成型

(1)把水加入锅里,再加入水泥,把锅固定。然后立即开动机器,低速搅拌 30 s 后,在第二个 30 s 开始的同时均匀地将砂子加入,把机器转至高速再搅拌 30 s。

停拌 90 s,在第一个 15 s 内用一胶皮刮具将叶片和锅壁上的胶砂,刮入锅中间。在高速下继续搅拌 60 s。

各个搅拌阶段,时间误差应在 ±1 s 之内。

(2)将空试模和模套固定在振实台上,用一个适当勺子直接从搅拌锅里将胶砂分两层装入试模,装第一层时,每个槽内约放 300 g 胶砂,用大播料器垂直架在模套顶部沿每个模槽来回一次将料层播平,接着振实 60 次。再装入第二层胶砂,用小播平器播平,再振实 60 次。

(3)从振实台上取下试模,用一金属直尺以近乎 90° 的角度架在试模模顶的一端,然后沿试模长度方向以横向锯割动作慢慢向另一端移动,一次将超过试模部分的胶砂刮去,并用同一直尺以近乎水平的情况下将试体表面抹平。

(4)在试模上作标记或加字条表明试件编号和试件相对于振实台的位置。

(5)试验前和更换水泥品种时,搅拌锅、叶片等须用湿布抹擦干净。

3. 养护

(1)试件编号后,将试模放入雾室或养护箱[温度(20 ± 1)℃,相对湿度大于90%],箱内篦板必须水平,养护20~24 h后,取出脱模,脱模时应防止试件损伤,硬化较慢的水泥允许延期脱模,但须记录脱模时间。

(2)试件脱模后应立即放入水槽中养护,养护水温为(20 ± 1)℃,养护期间试件之间应留有间隙至少5 mm,水面至少高出试件5 mm,养护至规定龄期,不允许在养护期间全部换水。

4. 强度试验

(1)龄期。

各龄期的试件,必须在规定的 3 d ±45 min, 7 d ±2 h, 28 d ±2 h 内进行强度测定。在强度试验前 15 min 将试件从水中取出后,用湿布覆盖。

(2)抗折强度测定。

① 每龄期取出 3 个试件,先做抗折强度测定,测定前须擦去试件表面水分和砂粒,清除夹具上圆柱表面粘着的杂物,试件放入抗折夹具内,应使试件侧面与圆柱接触。

② 调节抗折试验机的零点与平衡,开动电机以(50 ± 10)N/s 速度加荷,直至试件折断,记录破坏荷载 F_f(N)。

③ 抗折强度按下式计算(精确至 0.1 MPa):

$$R_f = \frac{3F_f L}{2bh^2} = 0.00234F_f \qquad (3-2)$$

式中: L——支撑圆柱中心距离(100 mm);

　　b, h——试件断面宽和高,均为 40 mm。

④ 抗折强度的结果确定是取 3 个试件抗折强度的算术平均值;当 3 个强度值中有一个超过平均值的 ±10% 时,应予剔除,取其余 2 个的平均值;如有 2 个强度值超过平均值的 10% 时,应重做试验。

(3)抗压强度测定。

① 抗折试验后的 6 个断块,应立即进行抗压试验,抗压强度测定须用抗压夹具进行,试体受压断面为 40 mm × 40 mm,试验前应清除试体受压面与加压板间的砂粒或杂物;试验时,以试体的侧面作为受压面,并使夹具对准压力机压板中心。

② 开动试验机,控制压力机加荷速度为(2400 ± 200)N/s,均匀地加荷至破坏。记录破坏荷载 F_c(N)。

③ 抗压强度按下式计算(精确至 0.1 MPa)。

$$R_c = \frac{F_c}{A} \qquad (3-3)$$

式中: A——受压面积,即 40 mm × 40 mm。

④ 抗压强度结果的确定是取一组 6 个抗压强度测定值的算术平均值;如 6 个测定值中有一个超出 6 个平均值的 ±10%,就应剔除这个结果,而以剩下 5 个的平均值作为结果;如果 5 个测定值中再有超过它们平均数 ±10% 的,则此组结果作废。

3.5.4　数据整理

将试验及计算所得到的各标准龄期抗折和抗压强度值,对照国家规范所规定的水泥各标准龄期的强度值，来确定或验证水泥强度等级。要求各龄期的强度值均不低于规范所规定的强度值。

3.6　水泥胶砂流动度测定

3.6.1　目的与适用范围

硅酸盐水泥、矿渣硅酸盐水泥及指定采用本方法的其他品种水泥的胶砂流动度测定。

3.6.2　主要仪器设备

胶砂搅拌机、水泥胶砂流动度测定仪(图3－11)(简称跳桌)、试模(用金属材料制成，由截锥圆模和模套组成)、捣棒、卡尺、小刀。

图3－11　水泥胶砂流动度测定仪

截锥圆模内壁应光滑，尺寸为：

高度　　(60±0.5)mm;

上口内径　(70±0.5)mm;

下口内径　(100±0.5)mm;

下口外径　120 mm。

3.6.3　试验方法步骤

(1)跳桌在试验前先进行空转，以检验各部位是否正常。

(2)制备胶砂。在制备胶砂的同时，用潮湿棉布擦拭桌台面、试模内壁、捣棒以及与胶砂接触的用具，将试模放在跳桌台面中央并用潮湿棉布覆盖。

(3)将拌好的胶砂分两层迅速装入流动试模。第一层装至截锥圆模高度约三分之二处，用小刀在相互垂直两个方向各划5次，用捣棒由边缘至中心均匀捣压15次；随后，装第二层胶砂，装至高出截锥圆模约20 mm，用小刀划10次再用捣棒由边缘至中心均匀捣压10次。捣压力量应恰好足以使胶砂充满缸锥圆模。捣压深度，第一层捣至胶砂高度的二分之一，第二层捣实不超过已捣实底层表面。装胶砂和捣压时，用手扶稳试模，不要使其移动。

（4）捣压完毕，取下模套，用小刀由中间向边缘分两次将高出截锥圆模的胶砂刮去并抹平，擦去落在桌面上的胶砂。将截锥圆模垂直向上轻轻提起。立刻开动跳桌，约每秒钟一次，在(30±1)s内完成30次跳动。

（5）跳动完毕，用卡尺测量胶砂底面最大扩散直径及与其垂直的直径，计算平均值，取整数，用mm为单位表示，即为该水量的水泥胶砂流动度。流动度试验，从胶砂拌和开始到测量扩散直径结束，应在5 min内完成。

（6）电动跳桌与手动跳桌测定的试验结果发生争议时，以电动跳桌为准。

3.7 水泥压蒸安定性试验

3.7.1 目的与适用范围

本试验适用于测定硅酸盐水泥、普通硅酸盐水泥、矿渣硅酸盐水泥、火山灰质硅酸盐水泥、粉煤灰硅酸盐水泥等主要因方镁石水化可能造成的水泥体积不均匀变化，也适用于其他指定采用本试验方法的水泥产品。

在饱和水蒸气条件下提高温度和压力使水泥中的方镁石在较短的时间内绝大部分水化，用试件的形变来判断水泥浆体积安定性。

3.7.2 主要仪器设备

水泥净浆搅拌机、沸煮箱、压蒸釜、25 mm × 25 mm × 280 mm 试模、钉头、捣棒和比长仪(图 3 - 12)。

3.7.3 试验方法步骤

（1）试模的准备：试验前在试模内涂上一薄层机油，并将钉头装入模槽两端的圆孔内，注意钉头外露部分不要沾染机油。

（2）水泥标准筒度净浆的制备：每个水泥样应成型二条试件，需称取水泥800 g，用标准稠度水量拌制。

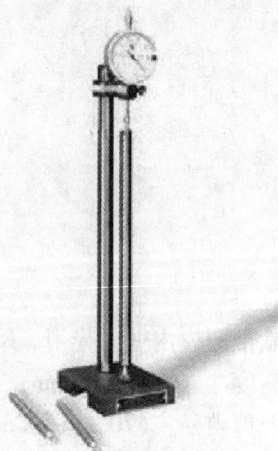

图 3 - 12 比长仪

（3）试体的成型：将已拌和均匀的水泥浆体，分两层装入已准备好的试模内。第一层浆体装高度约为试模高度的五分之三，先以小刀划实，尤其钉头两侧应多插几次，然后用23 mm×23 mm 捣棒由钉头内侧开始，即在两钉头尾部之间，从一端向另一端顺序地捣，压10次，往返共捣压20次，再用缺口捣棒在钉头两侧各捣压2次，然后再装入第二层浆体，浆体装满试模后，用刀划匀，刀划之深度应透过第一层胶砂表面，再用捣棒在浆体上顺序地捣压12次，往返共捣压24次。每次捣压时，应先将捣棒接触浆体表面，再用力捣压。捣压必须均匀，不得打击。捣压完毕将剩余浆体装到模上，用刀抹平，放入湿气养护箱中养护3~5 h后，将模上多余浆体刮去，使浆体面与模型边平齐。然后记上编号，放入湿气养护箱中养护至成型后24 h脱模。

（4）试件的沸煮。

①初长的测量：试件脱模后即测其初长。测量前要用校正杆校正比长仪百分表零读数，测量完毕也要核对零读数，如有变动，试件应重新测量。

试件在测长前应将钉头擦干净，为减少误差，试件在比长仪中的上下位置在每次测量时应保持一致，读数前应左右旋转，待百分表指针稳定时读数（L_0），结果精确至 0.001 mm。

②沸煮试验：测完初长的试件平放在沸煮箱的试架上，按 GB 1346 沸煮安定性试验的制度进行沸煮。如果需要，沸煮后的试件也可进行测长。

（5）试件的压蒸。

①沸煮后的试件应在 4 天内完成压蒸。试件在沸煮后压蒸前这段时间里应放在（20 ± 2）℃的水中养护。

压蒸前将试件在室温下放在试件支架上。试件间应留有间隙。为了保证压蒸时压蒸釜内始终保持饱和水蒸气压，必须加入足量的蒸馏水，加入量一般为锅容积的 7% ~ 10%，但试件应不接触水面。

②在加热初期应打开放汽阀，让釜内空气排出直至看见有蒸汽放出后关闭，接着提高釜内温度，使其从加热开始经 45 ~ 75 min 达到表压（2.0 ± 0.05）MPa，在该压力下保持 3 h 后切断电源，让压蒸釜在 90 min 内冷却至釜内压力低于 0.1 MPa。然后微开放汽阀排出釜内剩余蒸汽。压蒸釜内的操作应严格按有关规程和标准（见附录 B，补充件）进行。

③打开压蒸釜，取出试件立即置于 90℃ 以上的热水中，然后在热水中均匀注入冷水，在 15 min 内使水温降至室温，注入水时不要直接冲向试件表面。再经 15 min 取出试件擦净，如发现试件弯曲、过长、龟裂等应作记录。

3.7.4 试验结果计算

水泥净浆试件的膨胀率以百分数表示，取两条试件的平均值，当试件的膨胀率与平均值相差超过 ±10% 时应重做。

试件压蒸膨胀率按下式计算：

$$L_A = \frac{L_1 - L_0}{L} \times 100 \qquad (3-4)$$

式中：L_A——试件压蒸膨胀率，%；

L——试件有效长度 250，mm；

L_0——试件脱模后初长读数，mm；

L_1——试件压蒸后长度读数，mm。

结果计算至 0.01%。

当普通硅酸盐水泥、矿渣硅酸盐水泥、火山灰质硅酸盐水泥、粉煤灰硅酸盐水泥的压蒸膨胀率不大于 0.50%，硅酸盐水泥压蒸膨胀率不大于 0.80% 时，为体积安定性合格；反之，为 0，不合格。

3.7.5 注意事项

（1）在压蒸试验过程中将温度计与压力表同时使用，因为温度和饱和蒸汽压力具有一定的关系，同时使用可及时发现压力表发生的故障，以及试验过程中由于压蒸釜内水分损失而造成的不正常的情况。

（2）安全阀应调节至高于压蒸试验工作压力的10%，即约为2.2 MPa；安全阀每年至少检验两次，检验时可以用压力表检验设备，也可以调节压力自动控制器，使压蒸釜达到2.2 MPa，此时安全阀应立即被顶开。注意安全阀放汽方向应背向操作者。

（3）在实际操作中，有可能同时发生以下故障：自动控制器失灵；安全阀不灵敏；压力指针骤然指示为零，实际上已超过最大刻度从反方向返至零点。如发现这些情况，不管釜内压力有多大，应立即切断电源，并采取安全措施。

（4）当压蒸试验结束放汽时，操作者应站在背离放汽阀的方向，打开釜盖时，应戴上石棉手套，以免烫伤。

（5）在使用中的压蒸釜，有可能发生压力表表针折回试验的初始位置或开始点，此时未必表示压力为零，釜内可能仍然保持有一定的压力，应找出原因采取措施。

（6）允许用其他的试模和成型方法来试验，但当结果有争议时，应以 25 mm × 25 mm × 280 mm 试件的结果为准。

思考题

1. 水泥的初凝时间和终凝时间的测定方法有何不同？
2. 影响水泥标准稠度用水量的因素有哪些？
3. 确定水泥强度等级时，怎样对所得的数据进行处理分析？

第4章 普通混凝土性能试验

对于新拌混凝土而言，混凝土拌和物应具有适应构件尺寸和施工条件的和易性，即应具有适宜的流动性和良好的粘聚性与保水性，凭以保证施工质量，从而获得均匀密实的混凝土。测定混凝土拌和物易性最常用的方法是测定它的坍落度或维勃稠度。

(1)流动性是指新拌混凝土在自重或机械振捣力的作用下，能产生流动并均匀密实地充满模板的性能。流动性的大小，在外观上表现为新拌混凝土的稀稠，直接影响其浇捣施工的难易和成型的质量。若新拌混凝土太干稠，则难以成型与捣实，且容易造成内部或表面孔洞等缺陷；若新拌混凝土过稀，经振捣后易出现水泥浆或水上浮而石子等颗粒下沉的分成离析现象，影响混凝土的质量均匀性。

(2)粘聚性是指新拌混凝土内部组分间具有一定的粘聚力，在运输和浇筑过程汇总不致发生分层离析现象，使混凝土能保持整体均匀稳定的性能。粘聚性差的新拌混凝土，或表现为发涩，或产生石子下沉，导致石子与砂浆容易分离后而聚积，振捣后容易出现蜂窝、空洞等现象。

(3)保水性是指新拌混凝土具有一定保持内部水分的能力，在施工过程中不致产生严重的泌水现象。在施工过程中，保水性差的新拌混凝土中一部分水易从内部析出至表面，在水渗流之处留下许多毛细管孔道，成为以后混凝土内部透水通路。另外，在水分上升的同时，一部分水还会滞留在石子及钢筋的下缘形成水囊，从而减弱石子或钢筋与水泥浆之间的粘结力。所有这些都会使混凝土的密实性变差，并显著降低混凝土的强度及耐久性。

新拌混混凝土的流动性、粘聚性及保水性，三者之间相互关联而又有可能发生矛盾。例如，粘聚性好的新拌混凝土，往往保水性也好，但其流动性可能较差；当新拌混凝土的流动性很大时，往往具有粘聚性和保水性变差的趋势。因此，所谓新拌混凝土的和易性良好，就是使这三方面的性能在某种具体条件下得到和谐统一，达到满足施工操作方便及混凝土后期质量良好的状态。

对于硬化混凝土而言，其强度和耐久性尤为重要。混凝土抗压强度是混凝土众多强度中最重要的强度指标，但在道路、机场等主要受弯拉的混凝土工程中，抗折强度则更为重要。混凝土耐久性则包含抗冻性、抗渗性等多个方面，其优劣对混凝土性能表现和使用寿命有显著影响。

4.1 普通混凝土拌和物实验室拌和方法

4.1.1 试验目的与适用范围

学会混凝土拌和物的拌制方法，为测试和调整混凝土的性能，进行混凝土配合比设计打下基础。

4.1.2 主要仪器设备

混凝土搅拌机(见图 4 - 1)、磅秤、天平、拌和钢板等。

图 4 - 1 单卧轴混凝土搅拌机

4.1.3 试验方法及步骤

按所选混凝土配合比备料,拌和时温度为(20 ± 5)℃。

(1)人工拌和法。

①干拌。将拌和钢板与拌铲用湿布润湿后,将砂平摊在拌和板上,再倒入水泥,用拌铲自拌和板一端翻拌至另一端,如此反复,直至拌匀;加入石子,继续翻拌至均匀为止。

②湿拌。在混合均匀的干拌和物中间作一凹槽,倒入已称量好的水(约一半),翻拌数次,并徐徐加入剩下的水,继续翻拌,直至均匀。

③拌和时间控制。拌和从加水时算起,应在 10 min 内完成。

(2)机械拌和法。

①预拌。拌前先对混凝土搅拌机挂浆,即用按配合比要求的水泥、砂、水及少量石子,在搅拌机中搅拌(涮膛),然后倒出多余砂浆。其目的是防止正式拌和时水泥浆挂失影响到混凝土的配合比。

②拌和。向搅拌机内依次加入石子、水泥、砂子,开动搅拌机搅动 2 ~ 3 min。

③将拌和物从搅拌机中卸出,倒在拌和钢板上,人工拌和 1 ~ 2 min。

4.2 混凝土拌和物坍落度试验

4.2.1 试验目的与适用范围

坍落度是表示新拌混凝土稠度大小的一种指标,以它来反映混凝土拌和物流动性的大小。对于高流态砼是以坍落度与坍落扩展度来反映拌和物的流动性。本方法适用于骨料公称最大粒径不大于 31.5 mm、坍落度不小于 10 mm 的混凝土拌和物稠度的测试,为混凝土配合比设计、混凝土拌和物质量评定提供依据。

4.2.2 主要仪器设备

(1)标准圆锥坍落筒。坍落度与坍落扩展度试验所用的混凝土坍落度仪应符合《混凝土坍落度仪》JG 3021 中有关技术要求的规定。常用的标准圆锥坍落筒见图 4 – 1。

（2）弹头形捣棒：直径 16 mm、长 650 mm 的金属棒，端部磨圆。

（3）小铁铲、装料漏斗、钢尺、抹刀。

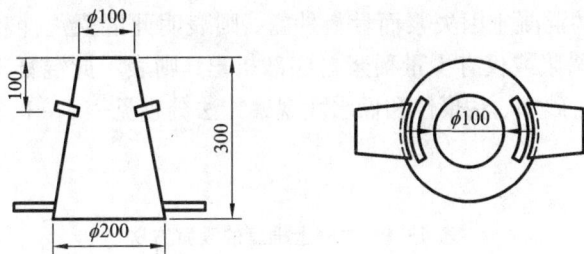

图 4 – 1　标准圆锥坍落筒（单位：mm）

4.2.3　试验方法及步骤

（1）湿润坍落度筒、底板，在坍落度筒内壁和底板上应无明水。底板应放置在坚实水平面上，并把筒放在底板中心，然后用脚踩住两边的脚踏板，坍落度筒在装料时应保持固定的位置。

（2）取得的混凝土试样用小铲分三层均匀地装入筒内，使捣实后每层高度为筒高的三分之一左右。每层用捣棒插捣 25 次。插捣应沿螺旋方向由外向中心进行，各次插捣应在截面上均匀分布。插捣底层时插至底部，插捣其他两层时，应插透本层并插入下层 20～30 mm，插捣须垂直压下，插捣筒边混凝土时，捣棒可以稍稍倾斜。浇灌顶面时，混凝土应灌到高出筒口。插捣过程中，如混凝土沉落到低于筒口，则应随时添加。顶层插捣完后，刮去多余的混凝土，用抹刀抹平。

（3）清除筒边底板上的混凝土后，垂直平稳地提起坍落度筒。坍落度筒的提高过程应在 5～10 s 内完成，并使混凝土不受横向及扭力作用。从开始装料到提坍落度筒的整个过程应不间断地进行，并应在 150 s 内完成。

（4）提起坍落度筒后，测量筒高与坍落后混凝土试体最高点之间的高度差，即为该混凝土拌和物的坍落度值，如图 4 – 2 所示。坍落度筒提离后，如混凝土发生崩坍或一边剪坏现象，则应重新取样另行测定；如第二次试验仍出现上述现象，则表示该混凝土和易性不好，应予记录备查。

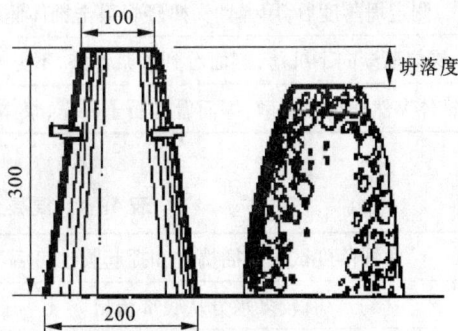

图 4 – 2　坍落度试验（mm）

当混凝土拌和物的坍落度大于 220 mm 时，用钢尺测量混凝土扩展后最终的最大直径和最小直径，在这两个直径之差小于 50 mm 的条件下，用其算术平均值作为坍落度值；否则，此次试验无效。

（5）观察坍落后的混凝土试体的粘聚性及保水性。粘聚性的检查方法是用捣棒在已坍落的混凝土锥体侧面轻轻敲打，此时如果锥体逐渐下沉，则表示粘聚性良好；如果锥体倒塌、部分崩裂或出现离析现象，则表示粘聚性不好。保水性以混凝土拌和物稀浆从底部析出的程度来评定，锥体部分的混凝土因失浆而骨料外露，则表明此混凝土拌和物的保水性能不好；如坍落度筒提起后无稀浆或仅有少量稀浆自底部析出，则表示此混凝土拌和物保水性良好。混凝土拌和物的稠度、砂率、粘聚性和保水性观察方法分别见表 4-1、表 4-2 和表 4-3 和表 4-4。

表 4-1 混凝土稠度的观察方法

按插捣混凝土拌和物时难易程度评定	判 断
插捣容易	上
插捣时稍有石子阻滞的感觉	中
很难插捣	下

表 4-2 混凝土砂率的观察方法

用抹刀抹混凝土面次数	抹 面 状 态	判 断
1~2	砂浆饱满，表面平整，不见石子	砂率过大
5~6	砂浆尚满，表面平整，微见石子	砂率适中
>6	石子裸露，有空隙，不易抹平	砂率过小

表 4-3 混凝土粘聚性的观察方法

测定坍落度后，用弹性头棒轻轻敲击锥体侧面	判 断
锥体渐渐向下沉落，侧面看到砂浆饱满，不见蜂窝	粘聚性良好
锥体突然崩坍或溃散，侧面看到石子裸露，浆体流淌	粘聚性不好

表 4-4 混凝土保水性的观察方法

做坍落度试验在插捣时和提起圆锥筒后	判 断
有较多水分从底部流出	保水性差
有少量水分从底部流出	保水性稍差
无水分从底部流出	保水性良好

（6）当混凝土拌和物的坍落度大于 220 mm 时，用钢尺测量混凝土扩展后最终的最大直径和最小直径，在这两个直径之差小于 50 mm 的条件下，用其算术平均值作为坍落扩展度值；否则，此次试验无效。

如果发现粗骨料在中央集堆或边缘有水泥浆析出，表示此混凝土拌和物抗离析性不好，应予记录。

（7）混凝土拌和物坍落度和坍落扩展度值以毫米为单位，测量精确至 1 mm，结果表达修约至 5 mm。

4.2.4 注意事项

如果坍落度不符合设计要求，就应立即调整配合比。具体地说，当坍落度过小时，应保持水灰比不变，适当添加水泥和水；当坍落度过大时，则应保持砂率不变，适当添加砂与石子；当粘聚性不良时，应酌量增大砂率（增加砂子用量）；反之，若砂浆显得过多时，则应酌量减少砂率（可适当增加石子用量）。根据实践经验，要使坍落度增大 10 mm，水泥和水各需添加约 2%（相当于原用量）；要使坍落度减少 10 mm，则砂子和石各添加约 2%（相当于原用量）。添加材料后，应重新测坍落度。调整时间不能拖得太长，从加水时算起，如果超过 0.5 h，则应重新配料拌和，进行试验。

4.3 混凝土拌和物维勃稠度试验

4.3.1 目的与适用范围

本方法适用于骨料最大粒径不超过 40 mm，坍落度值小于 10 mm，维勃稠度值在 5~30 s 之间的干硬性混凝土拌和物稠度测定。

4.3.2 主要仪器设备

维勃稠度仪（见图 4-4）、捣棒、小铲、秒表等。

图 4-4 维勃稠度仪
1—容器；2—坍落度筒；3—圆盘；4—滑棒；5—套筒；6—螺栓
7—喂料斗；8—支柱；9—定位螺丝；10—荷重；11—固定螺丝；12—旋转架

4.3.3 试验方法及步骤

（1）把维勃稠度仪放置在坚实水平的基面上，用湿布把容器、坍落度筒、喂料斗内壁及其他用具擦湿。

（2）将喂料斗提到坍落度筒上方扣紧，校正容器位置，使其中心与喂料斗中心重合，然后拧紧固定螺丝。

（3）把混凝土拌和物用小铲分3层经喂料斗均匀地装入筒内，装料及插捣方式同坍落度法。

（4）将圆盘、喂料斗都转离坍落筒，小心并垂直地提起坍落筒，此时应注意不使混凝土试体产生横向扭动。

（5）把透明圆盘转到混凝土圆台体顶面，旋松测杆螺丝，小心地降下圆盘，使它轻轻地接触到混凝土顶面。

（6）拧紧定位螺丝，并检查测杆螺丝是否完全放松，同时开启振动台和秒表，当振动到透明圆盘的底面被水泥浆布满的瞬间，停下秒表，并关闭振动台，记下秒表时间，精确至1 s。

4.3.4　试验结果计算

由秒表读出的时间，即为该混凝土拌和物的维勃稠度值，单位为秒(s)。

如维勃稠度值小于5 s或大于30 s，则此种混凝土拌和物所具有的稠度已超出本方法的适用范围，不能用维勃稠度值表示。

4.4　水泥混凝土试件成型与养护

4.4.1　试验目的

为测定混凝土的力学性质，必须将混凝土拌和物制备成各种不同尺寸的混凝土试件，并进行养护至规定龄期后，供检验其力学性质。

4.4.2　试验仪具

（1）振动台（图4-5）：标准振动台，频率每分钟3000次±200次，负荷下的振幅为0.35 mm，空载时的振幅应为0.5 mm。

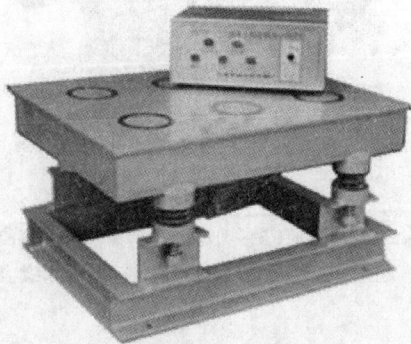

图4-5　振动台

（2）试模（图4-6、图4-7）：由铸铁或钢制成，内表面刨光磨光、平整。

图 4-6　立方试模

图 4-7　三联试模

4.4.3　混凝土试件制作方法

1. 混凝土试件制作规定

① 试验前,试模内表面应涂一薄层矿物油或其他不与混凝土发生反应的脱模剂。

② 在实验室拌制混凝土时,材料用量应以质量计,称量精度:水泥、掺合料、水和外加剂为 ±0.5%;骨料为 ±1%。

③ 取样或实验室拌制的混凝土应在板滞后尽可能短的时间内成型,一般不宜超过 15 min。

④ 根据混凝土拌和物的稠度确定混凝土成型方法,坍落度不大于 70 mm 的混凝土宜用振动振实;大于 70 mm 的宜用捣棒人工捣实;检验现浇混凝土或预制构件的混凝土,试件成型方法宜与实际采用的方法相同。

2. 混凝土试件制作方法

(1)振动台振实法。

① 取样或拌制好的混凝土拌和物应至少用铁锹再来回拌和 3 次。

② 将混凝土拌和物一次装入试模,装料时应用抹刀沿各试模壁插捣,并使混凝土拌和物高出试模口。

③ 试模应附着或固定在振动台上,振动时试模不得有任何跳动,振动应持续到表面出浆为止;不得过振。

(2)人工插捣法。

① 混凝土拌和物应分两层装入模内,每层的装料厚度大致相等。

② 插捣应按螺旋方向从边缘向中心均匀进行。在插捣底层混凝土时,捣棒应达到试模底部;插捣上层时,捣棒应贯穿上层后插入下层 20～30 mm;插捣时捣棒应保持垂直,不得倾斜。然后应用抹刀沿试模内壁插拔数次。

试件尺寸按粗骨料的最大粒径来确定(见表 4-5)。

表 4-5　试件尺寸选用及成型插捣次数表

试件尺寸/mm	骨料最大粒径/mm	每层插捣次数/次
100 × 100 × 100	31.5	12
150 × 150 × 150	40	25
200 × 200 × 200	60	50

③ 每层插捣次数按在 10000 mm² 截面积内不得少于 12 次。

④ 插捣后应用橡皮锤轻轻敲击试模四周，直至插捣棒留下的空洞消失为止。

（3）插入式振捣棒振实。

① 将混凝土拌和物一次装入试模，装料时应用抹刀沿各试模壁插捣，使混凝土拌和物高出试模口。

② 宜用直径为 $\phi25$ mm 的插入式振捣棒，插入试模振捣时，振捣棒距试模底板 10 ~ 20 mm 且不得触及试模底板，振动应持续到表面出浆为止，且应避免过振，以防止混凝土离析；一般振捣时间为 20 s。振捣棒拔出时要缓慢，拔出后不得留有孔洞。

③ 刮除试模上口多余的混凝土，待混凝土临近初凝时，用抹刀抹平。

4.4.4 混凝土试件的养护方法

（1）试件成型后应立即用不透水的薄膜覆盖表面。

（2）采用标准养护的试件，应在温度为 (20 ± 5)℃ 的环境中静置一昼夜至两昼夜，然后编号、拆模。拆模后应立即放入温度为 (20 ± 2)℃，相对湿度为 95% 以上的标准养护室中养护，或在温度为 (20 ± 2)℃ 的不流动的 $Ca(OH)_2$ 饱和溶液中养护。标准养护室内的试件应放在支架上，彼此间隔 10 ~ 20 mm，试件表面应保持潮湿，并不得被水直接冲淋。

（3）同条件养护试件的拆模时间可与实际构件的拆模时间相同，拆模后，试件仍需保持同条件养护。

（4）标准养护龄期为 28 d（从搅拌加水开始计时）。

4.5 混凝土立方体抗压强度试验

4.5.1 目的与适用范围

学会混凝土抗压强度试件的制作及测定方法，用以检验混凝土强度，确定、校核混凝土配合比，并为控制混凝土施工质量提供依据。

一般技术规定：

（1）本试验采用立方体试件，以同一龄期、3 个同时制作、同样养护的混凝土试件为一组。

（2）每一组试件所用的拌和物应从同盘或同一车运送的混凝土拌和物中取样，或在试验室用人工或机械单独制作。

（3）检验工程和构件质量的混凝土试件成型方法应尽可能与实际施工采用的方法相同。

4.5.2 主要仪器设备

压力试验机（图 4 - 8）：上下压板平整并有足够刚度，可以均匀地连续加荷，可以保持固定荷载，开机停机均灵活自如，能够满足试件破型吨位的要求。测量精度为 ±1%，试件破坏荷载应大于压力机全量程的 20% 且不小于其 80%。当混凝土强度等级 ≥C60 时，试件周围应设防崩裂网罩。

试模、捣棒、小铁铲、钢尺等。

图 4 - 8　电液式压力试验机

4.5.3　试验方法及步骤

(1)试件从养护室取出,随即擦干并量出其尺寸(精确至 1 mm),并以此计算试件的受压面积 $A(mm^2)$,如实测尺寸与公称尺寸之差不超过 1 mm,可按公称尺寸进行计算。

(2)将试件安放在压力试验机的下压板上,试件的承压面应与成型时的顶面垂直。试件的轴心应与压力机下压板中心对准,开动试验机,当上压板与试件接近时,调整球座,使接触均衡。

(3)加压时,应连续而均匀地加荷,加荷速度为:当混凝土强度等级低于 C30 时,加荷速度取 0.3 ~ 0.5 MPa/s。

当混凝土强度等级等于或大于 C30 时,加荷速度取 0.5 ~ 0.8 MPa/s。

当试件接近破坏而开始迅速变形时,应停止调整试验机油门,直至试件破坏,然后记录破坏荷载 $P(N)$。

4.5.4　试验结果计算

(1)试件的抗压强度 $f_{cu}(MPa)$ 按下式计算:

$$f_{cu} = P/A \tag{4-1}$$

(2)以 3 个试件抗压强度的算术平均值作为该组试件的抗压强度值,精确至 0.1 MPa。3 个测值中的最大值或最小值中如有一个与中间值的差值超过中间值的 ±15% 时,则取中间值作为该组试件的抗压强度值;如有两个测值与中间值的差均超过中间值的 ±15%,则该组试件的试验结果无效。

(3)混凝土抗压强度是以 150 mm × 150 mm × 150 mm 的立方体试件作为抗压强度的标准试件,其他尺寸试件的测定强度均应换算成 150 mm 立方体试件的标准抗压强度值,换算系数见表 4 - 6。

表 4 - 6　混凝土立方体试件尺寸系数换算表

试件尺寸/mm	$200 \times 200 \times 200$	$150 \times 150 \times 150$	$100 \times 100 \times 100$
换算系数	1.05	1.00	0.95

4.6　水泥混凝土抗折强度试验

4.6.1　目的与适用范围

测定混凝土的抗折强度(亦称抗弯拉强度),以提供设计参数、检查混凝土施工品质和确定抗弯拉弹性模量试验加荷标准,适用于道路和机场混凝土的直角小梁试件。

4.6.2　主要仪器设备

(1)试验机:50~300 kN 抗折试验机(图4-9)或万能试验机(图4-10)。

图4-9　电液式抗折抗压试验机

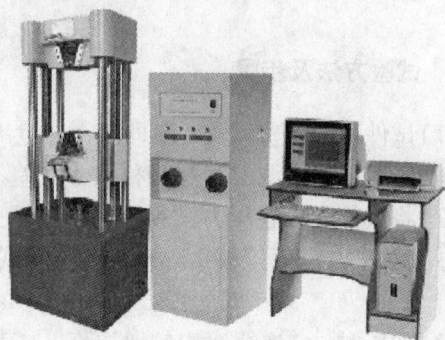

图4-10　微机显示万能试验机

(2)抗折试验装置:即三分点处双点加荷和三点自由支承式混凝土抗折强度与抗折弹性模量试验装置。

(3)试件的支座和加荷头应采用直径为 20~40 mm、长度不小于 $b+10mm$ 的硬钢圆柱,支座立脚点固定铰支,其他应为滚动支点。

4.6.3　试验方法及步骤

(1)试件从养护地取出后应及时进行试验,将试件表面擦干净。量出试件的宽度和高度,精确至 1 mm。

(2)装置试件,安装尺寸偏差不得大于 1 mm。试件的承压面应为试件成型时的侧面。支座及承压面与圆柱的接触面应平稳、均匀,否则应垫平。

(3)施加荷载应保持均匀、连续,至试件接近破坏时,应停止调整试验机油门,直至试件破坏,然后记录破坏荷载 $F(N)$。当混凝土的强度等级小于 C30 时,加载速度为 0.02~0.05 MPa;当混凝土的强度等级等于大于 C30、小于 C60 时,加载速度为 0.05~0.08 MPa;当混凝土的强度等级等于大于 C60 时,加载速度为 0.08~0.10 MPa/s。

(4)记录试件破坏荷载的试验机示值及试件下边缘断裂位置。

4.6.4 结果计算

（1）若试件下边缘断裂位置处于两个集中荷载作用线之间，则试件的抗折强度按下式计算，精确至 0.1 MPa：

$$f_f = \frac{FL}{bh^2} \qquad\qquad (4-2)$$

式中：f_f——抗弯拉强度，MPa；

$\quad F$——极限荷载，N；

$\quad L$——支座间间距，mm；

$\quad b$——试件宽度，mm。

$\quad h$——试件高度，mm。

（2）以 3 个试件抗压强度的算术平均值作为该组试件的抗压强度值，精确至 0.1 MPa。3 个测值中的最大值或最小值中如有一个与中间值的差值超过中间值的 ±15% 时，则取中间值作为该组试件的抗压强度值；如有两个测值与中间值的差均超过中间值的 ±15%，则该组试件的试验结果无效。

3 个试件中如有一个断裂面位于加载点外侧，则混凝土抗弯拉强度按另外两个试件的试验结果计算。如果这两个测值的差值不大于这两个测值中较小值的 15%，则以两个测值的平均值为测值结果，否则结果无效。

如果有两根试件均出现断裂面位于加载点外侧，则该组结果无效。

（3）采用 100 mm × 100 mm × 400 mm 非标准试件时，在三分点加载的试验方法同前，但所取的抗弯拉强度值应乘以尺寸换算系数 0.85。当混凝土强度等级大于等于 C60 时，应采用标准试件。

4.7 水泥混凝土抗渗性试验

4.7.1 目的与适用范围

测定水泥混凝土硬化后的防水性能，确定混凝土的抗渗等级。

4.7.2 主要仪器设备

（1）水泥混凝土渗透仪（图 4-11）。

（2）成型试模：上口直径 175 mm，下口直径 185 mm，高 150 mm 的锥台或上下直径与高度均为 150 mm 的圆柱体。

（3）螺旋加压器、烘箱、电炉、浅盘、铁锅、钢丝刷等。

（4）密封材料。

图 4-11 水泥混凝土渗透仪

4.7.3 试验方法步骤

（1）试件到龄期后从养护地取出，将表面擦干。用钢丝刷刷净两端面，待表面干燥后，在试件侧面涂一层熔化的密封材料，然后立即在螺旋加压器上压入经过烘箱或电炉预热过的试模中，使试件底面和试模底平齐，待试模变冷后，即可解除压力，装在渗透仪上进行试验。

如果在试验中水从试件周边渗出，说明密封不好，要重装密封。

（2）试验时，水压从 0.1 MPa 开始，每隔 8 h 增加水压 0.1 MPa，并随时注意观察试件端面情况，一直加至 6 个试件中有 3 个试件表面发现渗水，记下此时的水压力，即可停止试验。

4.7.4 结果计算

水泥混凝土的抗渗等级以每 6 个试件中 4 个未发现有渗水现象时的渗水现象时的最大水压力表示。抗渗等级按下式计算：

$$S = 10H - 1 \tag{4-3}$$

式中：S——水泥混凝土抗渗等级；

H——第三个试件顶面开始有渗水时的水压力，MPa。

4.7.5 注意事项

（1）如果在试验中水从试件周边渗出，说明密封不好，要重装密封。

（2）当加压至设计抗渗等级，经 8 h 后第三个试件仍不渗水，表明混凝土已满足设计要求，可停止试验。

4.8 水泥混凝土抗冻性试验

检测混凝土抗冻性时，主要的试验方法有快冻法、盐冻法和慢冻法 3 种。国外主要采用快冻法或盐冻法，而我国主要采用慢冻法和快冻法。

在这些试验方法中，评价混凝土抗冻性的指标不尽相同。慢冻法一般采用质量损失和抗压强度损失来衡量混凝土的抗冻性，而快冻法、盐冻法通常采用质量损失（单位面积剥蚀情况）和动弹性模量变化情况进行分析。虽然在冻融破坏的过程中，随冻融循环次数的增加，强度损失和质量损失也随之增加，但强度和质量损失是反映试件宏观性能的参数，相对较粗糙。采用动弹性模量和试件单位面积的剥蚀量从宏观及微观来衡量混凝土的抗冻性要比用质量损失、强度损失的评价方法更能直接、全面、准确地反映混凝土受冻害的程度及混凝土抗冻性的优劣。但动弹性模量的测定通常离散性较高，特别是在盐冻试验中，由于盐冻会造成试件表面的剥蚀，造成试件表面骨料裸露和凸凹不平，使动弹性模量的测试增加了更多不可控的因素。

4.8.1 慢冻法

1. 目的与适用范围

本方法适用于测定混凝土试件在气冻水融条件下，以经受的冻融循环次数来表示的混凝土的抗冻性能。

2. 主要仪器设备

（1）冻融试验箱或自动冻融设备：在满载运转条件下，冷冻期间试验箱内空气温度应能保持在（-20～-18）℃，融化期间浸泡混凝土试件的水温能控制在（18～20）℃。

（2）天平，最大量程 20 kg，感量不应超过 5g。

（3）温度传感器的温度检测范围不应小于（-20～20）℃，测量精度应为 ±0.5℃。

（4）压力试验机应满足现行国家标准《普通混凝土力学性能试验方法标准》GB/T 50081 的相关要求。

3. 试验方法及步骤

（1）在标准养护室或同条件养护的冻融试验的试件，应在养护龄期为 24 d 时提前将试件取出，随后将试件放置在（20±2）℃的水中浸泡，浸泡时要求水面高出试件顶面（20～30）mm，浸泡 4 d 后至 28 d 龄期进行冻融试验。

（2）到达 28 d 龄期后将试件取出，用湿布擦除试件表面水分，然后将试件放置在试件架内。

（3）冷冻时间应在冻融箱内温度降至 -18℃时开始计算。每次从装完试件到温度降至 -18℃所需要的时间应控制在（1.5～2）h 内。冻融箱内温度在冷冻时应保持在（-20～-18）℃。每次冻融循环中试件的冷冻时间不应小于 4 h。

（4）冷冻结束后，应立即加入（18～20）℃的水，使试件融化，加水时间不应超过 10 min。控制系统应确保在 30 min 内，水温不低于 10℃，且在 30 min 后，水温不低于（18～20）℃。融化时间不应小于 4 h。

（5）每 25 次循环宜进行外观检查。当出现严重破坏时，应立即进行称重。当一组试件的平均质量损失率超过 5%，可停止其冻融循环试验。

（6）试件在达到规定的冻融循环次数后（跟抗冻设计等级有关），试件应称重并进行外观检查，并记录表面破损、裂缝及边角缺损情况。对比试件继续原条件养护，当冻融循环结束后，与冻融循环试件同时进行抗压强度试验。

（7）当冻融循环出现以下情况之一时，可停止试验：

①已达到规定的循环次数；

②抗压强度损失率已达到 25%；

③质量损失率已达到 5%。

4. 试验结果及处理

（1）强度损失率

$$\Delta f_c = \frac{f_{c0} - f_{cn}}{f_{c0}} \times 100 \qquad (4-4)$$

式中：Δf_c——n 次冻融循环后混凝土抗压强度损失率，%；

　　f_{c0}——对比用的一组混凝土试件抗压强度测定值，MPa；

　　f_{cn}——经 n 次冻融循环后的一组混凝土试件抗压强度测定值，MPa。

（2）质量损失率

$$\Delta W_m = \frac{W_{m0} - W_{mn}}{W_{m0}} \qquad (4-5)$$

式中：ΔW_m——n 次冻融循环后混凝土质量损失率，%；

W_{m0}——对比用的一组混凝土试件的质量，g；

W_{mn}——经 n 次冻融循环后的一组混凝土试件的质量，g。

每组试件的平均质量损失率应以三个试件的质量损失率的算术平均值来表示。当某个试验结果出现负值，应取0，再求算术平均值；当三个试件中最大值或最小值与中间值的差超过中间值的1%时，应剔除此值，再取其余两值的算术平均值作为改组试件的测定值；当三个试件中最大值或最小值与中间值的差均超过中间值的1%时，应取中间值作为该组试件的测定值。

混凝土抗冻标号应以抗压强度损失率不超过25%或质量损失率不超过5%时的最大冻融循环次数来表示。

4.8.2 快冻法

1. 目的与适用范围

本方法适用于测定混凝土试件在水冻水融条件下，以经受的冻融循环次数来表示的混凝土的抗冻性能。

2. 主要仪器设备

（1）试件盒：宜采用具有弹性的橡胶材料制作，其内表面底部应具有半径为3 mm的橡胶突起部分。盒内加水后水面应至少高出试件顶面5 mm。试件盒尺寸宜为500 mm×115 mm×115 mm，其横截面尺寸见图4-12。

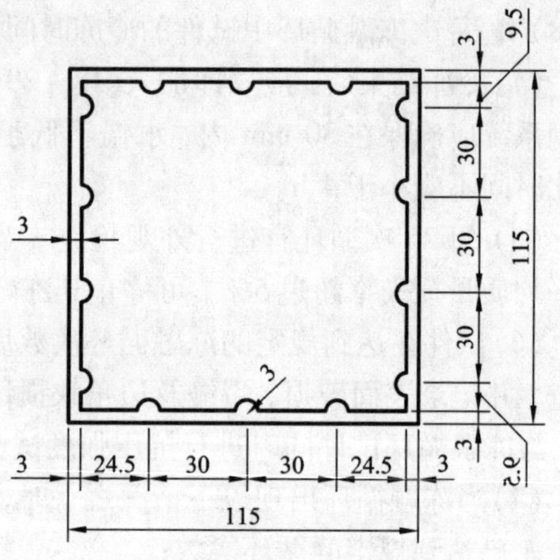

（2）快速冻融装置：应符合现行行业标准《混凝土抗冻试验设备》JCT/243的规定。除应在测温试件中埋设温度传感器外，尚应在冻融箱内防冻液中心、中心与任何一个对角线的两端分别设置温度传感器。运转时试验箱内防冻液各点温度的极差不得超过2℃。

（3）天平：最大量程20 kg，感量不应超过5 g。

图4-12 试件盒横截面示意图（单位：mm）

（4）温度传感器的温度检测范围应在（-20~20）℃内测定试件中心温度，测量精度应为±0.5℃。

3. 试验方法及步骤

（1）在标准养护室或同条件养护的冻融试验的试件应在养护龄期为24 d时提前将试件（100 mm×100 mm×400 mm）取出，随后将试件放置在（20±2）℃的水中浸泡，浸泡时要求水面高出试件顶面（20~30）mm，浸泡4d后至28 d龄期进行冻融试验。

（2）到达28 d龄期后将试件取出，用湿布擦除试件表面水分，然后称取试件初始质量和横向初始基频。

（3）将试件放在试件盒内，试件应放置在中心位置。然后将试件盒放入冻融箱内的试件架中，并向试件盒中加入清水。在整个试验过程中，盒内水位高度应始终至少高于试件顶面5 mm。

（4）冻融循环过程应符合下列规定：①每次冻融循环过程应在(2~4)内完成，且融化时间不得少于冻融时间的 1/4；②在冷冻和融化过程中，试件中心最低和最高温度应分别控制在(-18 ±2)℃和(5 ±2)℃内，在任何时刻，试件中心温度不得高于 7℃，且不得低于 -20℃；③每块试件从 3℃降至 -16℃所用的时间不得少于冷冻时间的 1/2，每块试件从 -16℃升至 3℃所需的时间不得少于整个融化时间的 1/2，试件内外的温差不宜超过 28℃；④冷冻和融化之间的转换不宜超过 10 min。

（5）每隔 25 次冻融循环测量试件的横向基频，测试前应擦干表面水分并测量试件质量。测完后应迅速将试件调头并重新放入试件盒内，加入清水，继续试验。

（6）当冻融循环出现以下情况之一时，可停止试验：

①已达到规定的循环次数；

②试件的动弹性模量下降到 60%；

③质量损失率已达到 5%。

4.试验结果及处理

质量损失的计算公式同式(4 -5)。相对动弹性模量(P)计算公式见式(4 -6)。

$$P = \frac{f_n^2}{f_0^2} \times 100 \tag{4-6}$$

式中：P——相对动弹性模量，%；

f_n^2——n 次冻融循环后试件的横向基频，Hz；

f_0^2——冻融循环前试件的横向基频，Hz。

混凝土抗冻等级应以相对动弹性模量下降至不低于 60% 或质量损失率不超过 5% 时的最大冻融循环次数来表示，并以 F 表示。

思考题

1. 混凝土拌和物流动性、粘聚性及保水性三者之间的关系是什么？
2. 混凝土在进行混凝土拌和物和易性试验时，坍落度超出试验要求时应该如何调整？

第5章 钢筋力学性能测试试验

钢材的主要机械性能(也叫力学性能)通常是指钢材在标准条件下均匀拉伸、冷弯和冲击等单独作用下所显示的各种机械性能。

钢材通常有六大主要的机械性能指标:

1. 屈服点(σ_s)

钢材或试样在拉伸时,当应力超过弹性极限,即使应力不再增加,而钢材或试样仍继续发生明显的塑性变形,称此现象为屈服,而产生屈服现象时的最小应力值即为屈服点。

2. 屈服强度($\sigma_{0.2}$)

有的金属材料的屈服点极不明显,在测量上有困难,因此为了衡量材料的屈服特性,规定产生永久残余塑性变形等于一定值(一般为原长度的0.2%)时的应力,称为条件屈服强度或简称屈服强度($\sigma_{0.2}$)。

3. 抗拉强度(σ_b)

材料在拉伸过程中,从开始到发生断裂时所达到的最大应力值。它表示钢材抵抗断裂的能力大小。与抗拉强度相应的还有抗压强度、抗弯强度等。

4. 伸长率(δ_s)

材料在拉断后,其塑性伸长的长度与原试样长度的百分比叫作伸长率或延伸率。伸长率越大,表示钢材塑性变形指标越好。

5. 屈强比(σ_s/σ_b)

钢材的屈服点(屈服强度)与抗拉强度的比值,称为屈强比。屈强比越大,结构零件的可靠性越高,一般碳素钢屈强比为0.6~0.65,低合金结构钢屈强比为0.65~0.75,合金结构钢屈强比为0.84~0.86。

6. 硬度

硬度表示材料抵抗硬物体压入其表面的能力。它是金属材料的重要性能指标之一。一般硬度越高,耐磨性越好。常用的硬度指标有布氏硬度、洛氏硬度和维氏硬度。

①布氏硬度(HB)。

以一定的载荷(一般3000 kg)把一定大小(直径一般为10 mm)的淬硬钢球压入材料表面,保持一段时间,去载后,负荷与其压痕面积之比值,即为布氏硬度值(HB),单位为MPa。

②洛氏硬度(HR)。

当HB>450或者试样过小时,不能采用布氏硬度试验而改用洛氏硬度计量。它是用一个顶角120°的金刚石圆锥体或直径为1.59、3.18 mm的钢球,在一定载荷下压入被测材料表面,由压痕的深度求出材料的硬度。根据试验材料硬度的不同,分三种不同的标度来表示:

HRA:是采用60 kg载荷和钻石锥压入器求得的硬度,用于硬度极高的材料(如硬质合金等)。

HRB:是采用100 kg载荷和直径1.58 mm淬硬的钢球,求得的硬度,用于硬度较低的材料(如退火钢、铸铁等)。

HRC：是采用 150 kg 载荷和钻石锥压入器求得的硬度，用于硬度很高的材料（如淬火钢等）。

③维氏硬度（HV）。

以 120 kg 以内的载荷和顶角为 136°的金刚石方形锥压入器压入材料表面，用材料压痕凹坑的表面积除以载荷值，即为维氏硬度值（HV）。

通过一次拉伸试验可得到抗拉强度、伸长率和屈服点三项基本性能；通过冷弯试验可得到钢材的冷弯性能；通过冲击韧性试验可得到冲击韧性。

5.1 钢筋的拉伸性能试验

5.1.1 目的与适用范围

测定低碳钢的屈服强度、抗拉强度、伸长率三个指标，作为评定钢筋强度等级的主要技术依据。掌握《金属材料室温拉伸试验方法》和钢筋强度等级的评定方法。

5.1.2 主要仪器设备

(1)万能试验机(图 5 – 1)，根据钢筋的级别和直径，选用合适类型的拉力试验机或万能试验机。试验机应符合《金属拉力试验法》中的有关规定。

(2)钢板尺、游标卡尺、千分尺、两脚爪规等。

5.1.3 试件制备

(1)抗拉试验用钢筋试件一般不经过车削加工，可以用两个或一系列等分小冲点或细划线标出原始标距（标记不应影响试样断裂）。

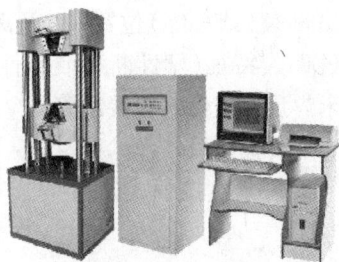

图 5 – 1 万能试验机

(2)试件原始尺寸的测定。

①测量标距长度 l_0，精确到 0.1 mm。

②圆形试件横断面直径应在标距的两端及中间处两个相互垂直的方向上各测一次，取其算术平均值，选用 3 处测得的横截面积中最小值，横截面积按下式计算：

$$A_0 = \frac{1}{4}\pi d_0^2 \qquad\qquad (5-1)$$

式中：A_0——试件的横截面积，mm^2；

d_0——圆形试件原始横断面直径，mm。

5.1.4 试验步骤

(1)屈服强度与抗拉强度的测定。

①调整试验机测力度盘的指针，使其对准零点，并拨动副指针，使其与主指针重叠。

②将试件固定在试验机夹头内，开动试验机进行拉伸。拉伸速度为：屈服前，应力增加速度每秒钟 1 为 0。屈服后，试验机活动夹头在荷载下的移动速度为不大于 $0.5L_{c/\text{min}}$（不经车

削试件 $L_c = l_0 + 2h_1$)。

③拉伸中,测力度盘的指针停止转动时的恒定荷载,或不计初始瞬时效应时的最小荷载,即为求的屈服点荷载 p_s。

④向试件连续施荷直至拉断由测力度盘读出最大荷载,即为求的抗拉极限荷载 p_b。

(2)伸长率的测定。

①将已拉断试件的两端在断裂处对齐,尽量使其轴线位于一条直线上。如拉断处由于各种原因形成缝隙,则此缝隙应计入试件拉断后的标距部分长度内。

②如拉断处到临近标距端点的距离大于 $1/3l_0$ 时,可用卡尺直接量出已被拉长的标距长度 l_1(mm)。

③如拉断处到临近标距端点的距离小于或等于 $1/3l_0$,可按下述移位法计算标距(mm)。

④如试件在标距端点上或标距处断裂,则试验结果无效,应重新试验。

5.1.5 试验数据记录及试验处理

(1)试验数据记录。

①钢筋级别和公称直径;

②试件拉断(或颈缩)前的最大荷载 p_b 值;

③断裂(或颈缩)位置,以及离开焊缝的距离;

④断裂特征(塑性断裂或脆性断裂),或有无颈缩现象。如在试件断口上发现气孔、夹渣、未焊透、烧伤等焊接缺陷,应在试验报告中注明。

(2)试验结果处理。

①屈服强度按下式计算:

$$\sigma_s = \frac{p_s}{A_0} \qquad (5-2)$$

式中:σ_s——屈服强度,MPa;

p_s——屈服时的荷载,N;

A_0——试件原横截面面积,mm^2。

②抗拉强度按下式计算:

$$\sigma_b = \frac{p_b}{A_0} \qquad (5-3)$$

式中:σ_b——屈服强度,MPa;

p_b——最大荷载,N;

A_0——试件原横截面面积,mm^2。

③伸长率按下式计算(精确至1%):

$$\delta_{10}(\delta_5) = \frac{l_1 - l_0}{l_0} \times 100 \qquad (5-4)$$

式中:$\delta_{10}(\delta_5)$——分别表示 $l_0 = 10d_0$ 和 $l_0 = 5d_0$ 时的伸长率,%;

l_0——原始标距长度 $10d_0$(或 $5d_0$),mm;

l_1——试件拉断后直接量出或按移位法确定的标距部分长度,mm(测量精确至0.1 mm)。

④当试验结果有一项不合格时，应另取双倍数量的试样重做试验，如仍有不合格项目，则该批钢材判为拉伸性能不合格。

5.1.6　注意事项

（1）试验机、引伸计及测量工具或仪器必须由计量部门定期进行检定。

（2）根据估计试验中要加的最大载荷，并由此选择合适的测力量程，同时调整好自动记录装置。

（3）将试样安装在试验机上，开动试验机进行缓慢匀速加载。加载速度应根据材料性质和试验目的确定。

① 测定规定非比例延伸强度、规定残余延伸强度和规定总延伸强度时，应力速率应在表 5 − 1 规定的范围内，在塑性范围和至规定强度前应变速率不应超过 $0.0025\ s^{-1}$。

表 5 − 1　材料的弹性模量与应力速率

金属材料的弹性模量 E /MPa	应力速率/（MPa · s^{-1}）	
	最　小	最　大
< 150000	2	20
≥150000	6	60

② 测定上屈服强度时，在弹性范围和至上屈服强度前，试验机夹头的分离速率应尽可能保持恒定并在上表规定的应力速率的范围内。

③ 若仅测定下屈服强度，在试样平行长度的屈服期间应变速率应在 $0.00025\sim0.0025\ s$ 之间，并应尽可能保持恒定。如不能直接调节这一应变速率，应通过调节屈服即将开始前的应力速率来调整，在屈服完成之前不再调节试验机的控制。任何情况下，弹性范围内的应力速率不得超过上表所规定的最大速率。

④ 测定抗拉强度时，在塑性范围内平行长度的应变速率不应超过 $0.008\ s^{-1}$。在弹性范围内，如试验不包括屈服强度或规定强度的测定，试验机的速率可以达到塑性范围内允许的最大速率。

（4）测定伸长率，应使用分辨率优于 0.1 mm 的量具或测量装置测定断后标距 1c，准确到 ±0.25 mm。如规定的最小断后伸长率小于 5%，则采用下述方法进行测定。

（5）试验前在平行长度的一段处作一很小的标记。使用调节到标距的分规，以此标记为圆心画一圆弧。拉断后，将拉断的试样置于一装置上，最好借助螺丝施加轴相力，以使其在测量时牢固地对接在一起。以原圆心为圆心，以相同的半径画第二个圆弧。用工具显微镜或其他合适的仪器测量两个圆弧之间的距离即为断后伸长，准确至 ±0.02 mm。为使画线清晰可见，试验前涂上一层染料。

（6）能用延伸计测定断后标距的试验机，延伸计标距应等于试样原始标距，无需标出试样原始标距的标记。以断裂时的总延伸作为伸长测量时，为了得到断后伸长率，应从总延伸中扣除弹性延伸部分。

5.2 钢筋的弯曲(冷弯)性能试验

5.2.1 目的与适用范围

检验钢筋焊接接头的弯曲变形性能和可能存在的焊接缺陷,掌握钢筋弯曲(冷弯)性能的测试方法和钢筋质量的评定方法,正确使用仪器设备。

5.2.2 主要仪器设备

弯曲试验宜在万能试验机上进行,亦可在手动液压弯曲试验器上进行。

5.2.3 试件制备

(1)试件的弯曲外表面不得有划痕。

(2)试样加工时,应去除剪切或火焰切割等形成的影响区域。

(3)当钢筋直径小于35 mm 时,不需加工,直接试验;若试验机能量允许时,直径不大于50 mm 的试件亦可用全截面的试件进行试验。

(4)当钢筋直径大于35 mm 时,应加工成直径25 mm 的试件。加工时应保留一侧原表面,弯曲试验时,原表面应位于弯曲的外侧。

(5)弯曲试件长度根据试件直径和弯曲试验装置而定,通常按下式确定试件长度:

$$l = 5d + 150 \tag{5-5}$$

5.2.4 试验步骤

(1)进行弯曲试验时,试件应放在两支点上,并使焊缝中心线与压头中心线相一致。试验过程中,应平稳地对试件施加压力,直至达到规定的弯曲角度为止。

(2)钢筋闪光对焊接头的规定压头弯心直径和弯曲角度见表5-2。

表5-2 压头弯心直径和弯曲角度表

项 次	钢筋级别	弯心直径(D)		弯曲角(度)
		$d \leqslant 25/mm$	$d > 25/mm$	
1	I	$2d$	$3d$	90
2	II	$4d$	$5d$	90
3	III	$5d$	$6d$	90
4	IV	$7d$	$8d$	90

注:d 为钢筋直径。

(3)在试验过程中,应采取安全措施,防止试件突然断裂伤人。

(4)钢筋电渣压力焊接头和钢筋坡口电弧焊接头如需进行弯曲试验时,其试验方法和试验要求可参照钢筋闪光对焊接头的弯曲试验。

5.2.5　试验结果处理

按以下五种试验结果评定方法进行，若无裂纹、裂缝或裂断，则评定试件合格。

（1）完好。试件弯曲处的外表面金属基本上无肉眼可见因弯曲变形产生的缺陷时，称为完好。

（2）微裂纹。试件弯曲外表面金属基本上出现细小裂纹，其长度不大 2 mm，宽度不大于 0.2 mm 时，称为微裂纹。

（3）裂纹。试件弯曲外表面金属基本上出现裂纹，其长度大于 2 mm，而小于或等于 5 mm，宽度大于 0.2 mm，而小于或等于 0.5 mm 时，称为裂纹。

（4）裂缝。试件弯曲外表面金属基本上出现明显开裂，其长度大于 5 mm，宽度大于 0.5 mm 时，称为裂缝。

（5）裂断。试件弯曲外表面出现沿宽度贯穿的开裂，其深度超过试件厚度的 1/3 时，称为裂断。

注：在微裂纹、裂纹、裂缝中规定的长度和宽度，只要有一项达到某规定范围，即应按该级评定。

5.3　钢筋的冲击试验

5.3.1　目的与适用范围

本方法适用于钢筋闪光对焊、电弧焊、电渣压力焊等焊接接头的夏比冲击试验。试验目的是测定焊接接头各部位的冲击吸收功或冲击韧性值。

5.3.2　主要仪器设备

钢筋冲击试验机（图 5－2）。

图 5－2　钢筋冲击试验机

5.3.3 试件制备

（1）试样应在钢筋横截面中心截取，试样中心线与钢筋中心线偏差不得大于 1 mm。试样在各种焊接接头中截取的部位及缺口方位见表 5-3。

表 5-3 部位及缺口方位表

焊接方法	取样部位			缺口方位	
	焊 缝	熔合线	热	光圆钢筋	变形钢筋

（2）样坯宜采用机械方法截取，也可用气割法截取。截取时除应考虑其加工余量外，还需保证试样上不得留有气割产生的热影响区，避免试样的冲击性能受到影响。

同样试验条件下同一部位所取试样的数量应不少于 3 个。

试样在开缺口前应采用腐蚀剂使焊缝清楚地显示出来后，再按要求划线。加工缺口时，试样不得因受热而影响冲击性能。

（3）应将试样逐个编号，精确测量缺口底部处横截面尺寸，并记录下来击时的自由变形。

（4）试验机摆锤的摆动平面必须垂直，打击中心应与摆锤的冲击处相重合。

（5）试验前应检查摆锤空打是否指零（扬起摆锤空打前，被动指针应指示零位。摆锤自由下垂时，使被动指针紧靠主动指针，并对准最大冲击能量处），其偏差不应超过最小分度值的四分之一。

5.3.4 试验条件和试验方法

（1）冲击试验可在常温或负温条件下进行。常温试验温度一般为 10~35℃，当要求严格时为(23±5)℃。负温试验温度有：(0±2)℃、(-10±2)℃、(-20±2)℃、(-30±2)℃、(-40±2)℃等数种，根据实际需要确定。试验温度是指摆锤接触试样瞬间试样缺口底面的温度。

（2）试样的冷却可在冰箱或盛有冷却剂的冷却箱中进行。

（3）宜采用干冰与酒精的混合物作为冷却剂；不得采用带爆炸性的液态氧、含氧量大于10%的工业液态氮或液态空气作为冷却剂。干冰与酒精混合时，应进行搅拌，以保证冷却剂温度均匀。

（4）用于冷却箱的温度计，每一分格值不得大于 1℃，其精度应达 0.5%。如使用热电偶温度计，应将热电偶测点放在控温试样缺口内，此时，控温试样应与试验试样同时放入冷却箱中。

（5）冰箱或冷却箱中的温度应低于规定的试验温度，其过冷度应根据实际情况通过试验确定。如从箱内取出试样到摆锤打击试样时的时间为 2~5 s，室温为(20±5)℃，试验温度为 -40~0℃时，可采用 1~2℃的过冷度值。

（6）夹取试样的工具应与试样同时冷却。在冰箱中放置试样应间隔一定的距离。待冰箱或冷却箱到规定温度（即试验温度加过冷度值）后，应保温；其时间为：在液体中，不少于5 min；在气体于 15 min。

（7）试验时应将试样稳妥地安置在支座上，并口中心线对准支座跨距中心。试样缺口背面朝向摆刀刃与试样缺口中心线偏差应不超过 ±0.2 mm。松摆锤,对试样进行冲击,并记录表盘指针指示值。

(8)试样折断后,应检查断口,如发现有气孔、纹等缺陷,应记录下来。

5.3.5　试验数据记录及试验处理

(1)试样折断时的冲击吸收功 A_κ 可从试验机表读出,单位为 J。U 形缺口试样以 $A_{\kappa u}$ 表示;V 形缺口试样以 $A_{\kappa v}$ 表示。

(2)冲击韧性值 a_κ 按下式计算:

$$a_\kappa = A_\kappa / F \tag{5-6}$$

式中: a_κ——试样的冲击韧性值(J/cm^2);

　　　F——试验前试样缺口底部处的横截面积(cm^2)。

(3)试验报告应记录下列内容:

①焊接方法、试样型式及取样部位;

②试验温度;

③试样的冲击吸收功或冲击韧性值;

④断口上发现的缺陷;

⑤如果试样未折断,应注明"未折断"。

5.4　钢筋的疲劳试验

5.4.1　目的与适用范围

本方法适用于钢筋焊接接头在常温下的轴向拉伸疲劳试验。试验目的是测定和检验钢筋焊接接头在确定应力比和应力循环次数下的条件疲劳极限。

5.4.2　试验设备和试验条件

(1)采用的轴向疲劳试验机应符合下列要求:

①试验机的静荷载示值误差不大于 ±1%;

②在连续试验 10 h 内,荷载振幅示值波动度不大于使用荷载满量程的 ±2%;

③试验机应具有安全控制及应力循环数自动记录等装置。

(2)在一根试件的整个试验期间,最大和最小的疲劳荷载以及循环频率应保持恒定。疲劳荷载的偶然变化不得超过初始值的 5%,其时间不得超过一根试件循环数的 2%。

5.4.3　试件制备

(1)试件的长度一般不得小于疲劳受试区(包括焊缝和母材)与两个夹持长度之和;其中,受试区长度不宜小于 500 mm。当试验机不能适应上述试件长度时,应在报告中注明试件的实际长度。高频疲劳试件的长度根据试验机的具体条件确定。

(2)试件的外观应仔细检查,不得有气孔、烧伤、压伤、咬边等焊接缺陷。试件的中心线应成一直线。

（3）为避免试件断于夹持部分，对夹持部分可采取下列措施：

①对夹持部分进行冷作强化处理；

②采用与钢筋外形相适应的铜模套；

③采用与钢筋直径相适应的带有环形内槽的钢模套，并灌注环氧树脂。

5.4.4　试验数据记录及试验处理

试验报告钢筋焊接接头疲劳试验过程中，应及时记录各项原始记录。试验完毕，提出试验报告。

5.5　钢筋的硬度试验

5.5.1　目的与适用范围

本方法适用于钢筋焊接接头（包括焊缝、熔合区、热影响区和母材）各区域常温硬度试验。试验目的是了解各区域的硬度差异及其变化。

5.5.2　试验设备

试验设备一般可采用维氏硬度计（图5-3）。

5.5.3　试件制备

（1）试样的试验面应是光滑平面，不应有氧化皮及其他污物。试验面粗糙度必须保证能精确地测量压痕对角线，一般不得低于0.2。

（2）试样制备过程中，应避免由于受热或冷加工等对试验面硬度的影响。

（3）试样一般应包含焊接接头所有区域；但根据特定要求，也可截取某一区域作成硬度试样。

（4）钢筋焊接接头的硬度试验也可在金相试样上进行，其试验面必须与支承面平行。

5.5.4　试验准备和试验方法

（1）试验准备。

①硬度计应安装在稳固的基础上，并调至水平。试验环境应清洁，无振动，周围无腐蚀性气体。

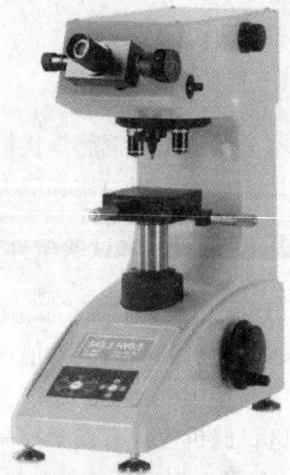

图5-3　维氏硬度计

②使用维氏硬度计时，每次更换压头、试台或支座等，应按照《金属维氏硬度计检定规程》，对硬度计进行检查。

③使用显微维氏硬度计时，每次更换压头、试台或支座等，应按照《显微硬度计检定规程》，对硬度计进行检查。

④金刚石压头的尖端或棱缺损时，或其他主要部分发现异常时，必须调换。

（2）试验方法。

①进行维氏硬度试验时，将金刚石角锥体压头以相应的试验力（49.03~980.7N）压入试样表面。试验力分六级，见表 5-4，从中适当选用。

表 5-4　试验力分级表（1）

试验力	N	49.03	98.07	196.1	294.2	490.3	980.7
	kgf	5	10	20	30	50	100

经规定保持时间后，卸除试验力，测量压痕两对角线长度。

②显微维氏硬度试验的实质是小试验力（0.09807~1.961N）的维氏硬度试验。试验力分五级，见表 5-5。

表 5-5　试验力分级表（2）

试验力	N	98.07×10^{-3}	0.1961	0.4903	0.9807	1.961
	kgf	0.01	0.02	0.05	0.1	0.2

显微维氏硬度试验主要用来测定金属材料的显微组织和微观偏析区的硬度，其试验方法与本条一相同。

③维氏硬度值和显微维氏硬度值均可根据压痕两对角线算术平均值查表而得。

④表示方法；以符号 HV 表示，并将试验力作为下角指数注明。

例如：HV49450 其中，49 表示试验力为 49N；450 表示维氏硬度值。又如：在 HV0.49265 中，0.49 表示试验力为 0.49N；265 表示显微维氏硬度值。

⑤试验力应垂直于试样的试验面，加力及卸力应平稳，不得有跳动及冲击。加力开始后，应保持一定加力时间，一般以 15 s 为准。

⑥根据试验要求，可用腐蚀剂使接头各区域金属显示清晰。

⑦进行维氏硬度或显微维氏硬度试验时，其两相邻压痕中心间的距离及压痕中心与试样边缘的距离，应不小于压痕对角线长度的 2.5 倍。每个压痕应测量其两个对角线，并取其平均值。

5.5.5　试验数据记录及试验处理

（1）当测点处出现气孔、夹渣等焊接缺陷时，试验结果无效。
（2）试验完毕，应填写试验报告，并将测定的硬度值、测点位置填写在试验报告中。

思考题

1. 钢材的强屈比越大时，为什么安全性越高，利用率越低？
2. 钢材的塑性指标和力学指标之间有无内在联系？

第6章 沥青试验

沥青是一种棕黑色有机胶凝状物质，包括天然沥青、石油沥青、页岩沥青和煤焦油沥青等4种。主要成分是沥青质和树脂，其次有高沸点矿物油和少量的氧、硫和氯的化合物。有光泽，呈液体、半固体或固体状态，低温时质脆，粘结性和防腐性能良好。本章主要介绍石油沥青的技术性质和试验方法。

石油沥青的技术性质包括粘滞性、塑性、温度敏感性、大气稳定性、溶解性、闪点和燃点等。

1. 粘滞性

石油沥青的粘滞性是反映沥青材料内部阻碍其相对流动的一种特性，反映了沥青软硬、稀稠的程度，是划分沥青牌号的主要技术指标。

在工程上，液体石油沥青的粘滞性用标准粘度指标表示，它表征液体沥青在流动时的内部阻力，对于半固体或固体的石油沥青则用针入度指标表示，它反映石油沥青抵抗剪切变形的能力。

2. 塑性

塑性是指石油沥青在外力作用下产生变形而不破坏，除去外力后仍保持变形后的形状的性质。

沥青中油分和地沥青质含量适当，树脂含量越多，塑性越好；温度升高，沥青的塑性随之增大。沥青膜层越厚，塑性越好。沥青的塑性对防水、防裂缝和抗冲击起到一定的作用。

3. 温度敏感性

温度稳定性是指石油沥青的粘滞性和塑性随温度升降而变化的性能，是沥青的重要指标。

沥青没有固定的熔点，当温度升高时，沥青由固态或半固态逐渐软化，使沥青分子之间发生相对滑动，像液体一样发生粘性流动，成称为粘流态。当温度降低时，沥青又由粘流态转变为固态，甚至变硬、变脆。

沥青的温度敏感性与其组分中的地沥青质含量有关，如果地沥青质含量高，在一定程度上就能减少温度敏感性。沥青的耐热性越好，温度敏感性越小。

4. 大气稳定性

大气稳定性是指石油沥青在热、阳光、氧气和潮湿等因素长期综合作用下抵抗老化的性能。

在热、阳光、氧气和水分的综合作用下，沥青中的低分子量组分会向高分子组分逐步转变，发生递变。随着使用时间的延长，沥青中的树脂显著减少，沥青质显著增加，沥青的塑性降低，脆性增加。即"老化"。

沥青老化是一个逐渐发生的过程，它的速率直接影响路面的使用寿命，是影响沥青路面耐久性的主要因素。

5．溶解度

溶解度是指石油沥青在三氯乙烯、四氯化碳和苯中溶解的百分率。用以限制有害的不溶物(沥青碳或似碳物)的含量，不溶物会降低沥青的粘滞性。

6．闪点和燃点

闪点和燃点的高低表明沥青引起火灾或爆炸的可能性的大小，它关系到运输储存和加热等方面的安全。

6.1 沥青试样准备方法

6.1.1 目的与适用范围

(1)通过规范的试样制备方法，为沥青的各项试验作准备。

(2)适用于粘稠道路的石油沥青、煤沥青等需要加热后才能进行试验的沥青样品，按此方法准备的沥青应立即在试验室进行各项试验。

(3)也适用于在试验室按照乳化沥青中沥青、乳化剂、水及外加剂的比例制备乳液的试样进行各项性能测试。每个样品的数量根据需要决定，常规测定宜不少于 600 g。

6.1.2 仪具与材料

(1)烘箱：200℃，装有温度调节器。

(2)加热炉具：电炉或其他燃气炉(丙烷石油气、天然气)。

(3)石棉垫：不小于炉具上面积。

(4)滤筛：筛孔孔径 0.6 mm。

(5)沥青盛样器皿：金属锅或瓷坩埚。

(6)乳化剂。

(7)烧杯：1000 mL。

(8)温度计：0～100℃及200℃，分度为0.1℃。

(9)天平：称量 2000 g，感量不大于 1 g；称量 100 g，感量不大于 0.1 g。

(10)其他：玻璃棒、溶剂、洗油、棉纱等。

6.1.3 试验方法与步骤

1．热沥青试样制备

(1)将装有试样的盛样器带盖放入温烘箱中，当石油沥青试样中含有水分时，烘箱温度80℃左右，加热至沥青全部熔化后供脱水用。当石油沥青中无水分时，烘箱温度宜为软化点温度以上90℃，通常为135℃左右。对取来的沥青试样不得直接采用电炉或煤气炉明火加热。

(2)当石油沥青试样中含有水分时，将盛样器皿放在可控温的砂浴、油浴、电热套上加热脱水，不得已采用电炉、煤气炉加热脱水时必须加放石棉垫。时间不超过 30 min，并用玻璃棒轻轻搅拌，防止局部过热。在沥青温度不超过100℃的条件下，仔细脱水至无泡沫为止，最后的加热温度不超过软化点以上100℃(石油沥青)或50℃(煤沥青)。

(3)将盛样器中的沥青通过 0.6 mm 的滤筛过滤，不等冷却立即一次灌入各项试验的模具中。根据需要也可将试样分装入擦拭干净并干燥的一个或数个沥青盛样器皿中，数量应满足一批试验项目所需的沥青样品并有富余。

（4）在沥青灌模过程中如温度下降可放入烘箱中适当加热，试样冷却后反复加热的次数不得超过2次，以防沥青老化影响试验结果。注意在沥青灌模时不得反复搅动沥青，应避免混进气泡。

（5）灌模剩余的沥青应立即清洗干净，不得重复使用。

2. 乳化沥青试样制备

（1）将按规范规定的沥青取样法取有乳化沥青的盛样器适当晃动使试样上下均匀，试样数量较少时，宜将盛样器上下倒置数次，使上下均匀。

（2）将试样倒出要求数量，装入盛样器皿或烧杯中，供试验使用。

（3）当乳化沥青在试验室自行配制时，可按下列步骤进行：

①按上述方法准备热沥青试样。

②根据所需制备的沥青乳液质量及沥青、乳化剂、水的比例计算各种材料的数量。

a. 沥青用量按式（6-1）计算。

$$m_b = m_E \times p_b \qquad (6-1)$$

式中：m_b——所需的沥青质量，g；

m_E——乳液总质量，g；

p_b——乳液中沥青含量，%。

b. 乳化剂用量按式（6-2）计算。

$$m_g = m_E \times p_E / p_e \qquad (6-2)$$

式中：m_e——乳化剂用量，g；

p_E——乳液中乳化剂的含量，%；

p_e——乳化剂浓度（乳化剂中有效成分含量），%。

c. 水的用量按式（6-3）计算。

$$m_W = m_E - m_E \times p_b \qquad (6-3)$$

式中：m_W——配制乳液所需水的质量，g。

③称取所需的乳化剂量放入1000 mL烧杯中。

④向盛有乳化剂的烧杯中加入所需的水（扣除乳化剂中所含水的质量）。

⑤将烧杯放到电炉上加热并不断搅拌，直到乳化剂完全溶解，如需调节pH时可加入适量的外加剂，将溶液加热到40~60℃。

⑥在容器中称取准备好的沥青并加热到120~150℃。

⑦开动乳化机，用热水先把乳化机预热几分钟，然后把热水排净。

⑧将预热的乳化剂倒入乳化机中，随即将预热的沥青徐徐倒入，待全部沥青乳液在机中循环1 min后放出，进行各项试验或密封保存。

6.2 沥青密度与相对密度试验

6.2.1 目的与适用范围

利用比重瓶测定各种沥青材料的密度与相对密度，为沥青混合料配合比设计和沥青原材料质量与体积之间的换算提供必要的参数。非经注明，测定沥青密度的标准温度为15℃。沥青与水的相对密度是指25℃相同温度下的密度之比。本方法可以测定15℃密度，换算得相对密度(25℃/25℃)；也可以测定相对密度(25℃/25℃)，换算求得密度(15℃)。二者之间可由下式换算：

沥青与水的相对密度(25℃/25℃) = 沥青的密度(15℃)×0.996

注：对液体石油沥青，也可以采用适宜的液体比重计测定密度或相对密度。

6.2.2 仪具与材料

(1)比重瓶：玻璃制，瓶塞下部与瓶口须经仔细研磨。瓶塞中间有一个垂直孔，其下部为凹形，以便由孔中排除空气。比重瓶的容积为20～30 mL，质量不超过40 g。

(2)恒温水槽：控温的准确度为0.1℃。

(3)烘箱：200℃，装有温度自动调节器。

(4)天平：感量不大于1 mg。

(5)滤筛：0.6 mm、2.36 mm各一个。

(6)温度计：0～50℃，分度为0.1℃。

(7)烧杯：600～800 mL。

(8)真空干燥器。

(9)洗液：玻璃仪器清洗液，三氯乙烯(分析纯)等。

(10)蒸馏水(或去离子水)。

(11)表面活性剂：洗衣粉(或洗洁精)。

(12)其他：软布、滤纸等。

6.2.3 试验方法及步骤

(1)用洗液、水、蒸馏水先后仔细洗涤比重瓶，然后烘干称其质量(m_1)，准确至1 mg。

(2)将盛有新煮沸并冷却的蒸馏水的烧杯浸入恒温水槽中一同保温，在烧杯中插入温度计，水的深度必须超过比重瓶顶部40 mm以上。调控温度，使恒温水槽及烧杯中的蒸馏水达至规定的试验温度±0.1℃。

(3)比重瓶水值的测定步骤：将比重瓶及瓶塞放入恒温水槽中，烧杯底浸没水中的深度应不少于100 mm，烧杯口露出水面，并用夹具将其固牢。待烧杯中水温再次达至规定温度后并保温30 min后，将瓶塞塞入瓶口，使多余的水由瓶塞上的毛细孔中挤出。注意比重瓶内不得有气泡。将烧杯从水槽中取出，再从烧杯中取出比重瓶，立即用干净软布将瓶塞顶部擦拭一次，再迅速擦干比重瓶外面的水分，称其质量(m_2)，准确至1 mg。注意瓶塞顶部只能擦拭一次，即使由于膨胀瓶塞上有小水滴也不能再擦拭。以$m_2 - m_1$作为试验温度时比重瓶的水值。

(4)液体沥青试样的试验步骤：将试样过筛(0.6 mm)后注入干燥比重瓶中至满，注意不要混入气泡。将盛有试样的比重瓶及瓶塞移入恒温水槽(测定温度±0.1℃)内盛有水的烧杯中，水面应在瓶口下约40 mm。注意勿使水浸入瓶内。从烧杯内的水温达到要求的温度后起算保温30 min后，将瓶塞塞上，使多余的试样由瓶塞的毛细孔中挤出。仔细用蘸有三氯乙烯的棉花擦净孔口挤出的试样，并注意保持孔中充满试样。从水中取出比重瓶，立即用干净软布仔细地擦去瓶外的水分或粘附的试样(注意不得再揩孔口)后，称其质量(m_3)，准确至 1 mg。

(5)粘稠沥青试样的试验步骤：沥青的加热温度不高于估计软化点以上100℃(石油沥青)或50℃(煤沥青)，仔细注入比重瓶中，约至2/3高度。注意勿使试样粘附瓶口或上方瓶壁，并防止混入气泡。将盛有试样的比重瓶，移入干燥器中，在室温下冷却不少于 1 h，连同瓶塞称其质量(m_4)，准确至 1 mg。

从水槽中取出盛有蒸馏水的烧杯，将蒸馏水注入比重瓶，再放入烧杯中(瓶塞也放进烧杯中)，然后把烧杯放回已达试验温度的恒温水槽中，从烧杯中的水温达到规定温度时起算保温 30 min 后，使比重瓶中气泡上升到水面，用细针挑除。保温至水的体积不再变化为止。待确认比重瓶已经恒温且无气泡后，再用保温在规定温度水中的瓶塞塞紧，使多余的水从塞孔中溢出，此时应注意不得带入气泡。保温 30 min 后，取出比重瓶，按前述方法迅速揩干瓶外水分后称其质量(m_5)，准确至 1 mg。

(6)固体沥青试样的试验步骤：试验前，如试样表面潮湿，可用干燥、清洁的空气吹干，或置50℃烘箱中烘干。将 50~100 g 试样打碎，过 0.6 mm 及 2.36 mm 筛。取 0.6~2.36 mm 的粉碎试样不少于5 g放入清洁、干燥的比重瓶中，塞紧瓶塞后称其质量(m_6)，准确至 1 mg。

取下瓶塞，将恒温水槽内烧杯中的蒸馏水注入比重瓶，水面高于试样约 10 mm，同时加入几滴表面活性剂溶液(如1%洗衣粉、洗涤灵)，并摇动比重瓶使大部分试样沉入水底，必须使试样颗粒表面上附气泡逸出。注意：摇动时勿使试样摇出瓶外。取下瓶塞，将盛有试样和蒸馏水的比重瓶置真空干燥箱(器)中抽真空，逐渐达到真空度 98 kPa(735 mmHg)不少于 15 min。如比重瓶试样表面仍有气泡，可再加几滴表面活性剂溶液，摇动后再抽真空。必要时，可反复几次操作，直至无气泡为止。

将保温烧杯中的蒸馏水再注入比重瓶中至满，轻轻地塞好瓶塞，再将带塞的比重瓶放入盛有蒸馏水的烧杯中，并塞紧瓶塞。将有比重瓶的盛水烧杯再置恒温水槽(试验温度±0.1℃)中保持至少 30 min 后，取出比重瓶，迅速揩干瓶外水分后称其质量(m_7)，准确至 1 mg。

6.2.4 试验结果计算

(1)试验温度下液体沥青试样的密度或相对密度按式(6-4)及式(6-5)计算。

$$\rho_b = \frac{m_3 - m_1}{m_2 - m_1} \times \rho_w \tag{6-4}$$

$$\gamma_b = \frac{m_3 - m_1}{m_2 - m_1} \tag{6-5}$$

式中：ρ_b——试样在试验温度下的密度；

γ_b——试样在试验温度下的相对密度；

m_1——比重瓶质量，g；

m_2——比重瓶与盛满水时的合计质量，g；

m_3——比重瓶与盛满试样时的合计质量，g；

ρ_w——试验温度下水的密度，15℃水的密度为 0.99910 g/cm³，25℃水的密度为 0.99703 g/cm³。

(2)试验温度下粘稠沥青试样的密度或相对密度按式(6-6)及式(6-7)计算。

$$\rho_b = \frac{m_4 - m_1}{(m_2 - m_1) - (m_5 - m_4)} \times \rho_w \qquad (6-6)$$

$$\gamma_b = \frac{m_4 - m_1}{(m_2 - m_1) - (m_5 - m_4)} \qquad (6-7)$$

式中：m_4——比重瓶与沥青试样合计质量，g；

m_5——比重瓶与试样和水合计质量，g。

(3)试验温度下固体沥青试样的密度或相对密度按式(6-8)及式(6-9)计算。

$$\rho_b = \frac{m_6 - m_1}{(m_2 - m_1) - (m_7 - m_6)} \times \rho_w \qquad (6-8)$$

$$\gamma_b = \frac{m_6 - m_1}{(m_2 - m_1) - (m_7 - m_6)} \qquad (6-9)$$

式中：m_6——比重瓶与沥青试样合计质量，g；

m_7——比重瓶与试样和水合计质量，g。

6.2.5 试验结果

同一试样应平行试验两次，当两次试验结果的差值符合重复性试验的精密度要求时，以平均值作为沥青的密度试验结果，并准确至 3 位小数，实验报告应注明试验温度。

6.2.6 注意事项

(1)对粘稠石油沥青及液体沥青，重复性试验的允许差为 0.003 g/cm³，复现性试验的允许差为 0.007 g/cm³。

(2)对固体沥青，重复性试验的允许差为 0.01 g/cm³，复现性试验的允许差为 0.02 g/cm³。

(3)相对密度的精密度要求与密度相同(无单位)。

6.3 沥青针入度试验

针入度试验是国际上经常用来测定粘稠(固体、半固体)沥青稠度的一种方法，通常稠度高的沥青，针入度值愈小，表示沥青愈硬；相反，稠度低的沥青，针入度值愈大，表示沥青愈软。我国现行标准是以针入度为等级来划分沥青的标号。

针入度试验能够测定道路石油沥青、改性沥青、液体石油沥青蒸馏或乳化沥青蒸发后残留物的针入度。通过针入度的测定掌握不同沥青的粘稠度以及进行沥青标号的划分。

6.3.1 主要仪器设备

(1)针入度仪：如图6-1。凡能保证针和针连杆在无明显摩擦下垂直运动，并能指示针贯入深度准确至 0.01 mm 的仪器均可使用。它的组成部分有拉杆、刻度盘、按钮、针连杆组合件，总质量为(100±0.05)g，调节试样高度的升降操作机件，调节针入度仪水平的螺旋，可自由转动调节距离的悬臂。当为自动针入度仪时，其基本要求相同，但应附有对计时装置的校正检验方法，以经常校验。

（2）标准针：由硬化回火的不锈钢制成，洛氏硬度 HRC54~60，针及针杆总质量(2.5±0.5)g，针杆上打印有号码标志，应对针妥善保管，防止碰撞针尖，使用过程中应当经常检验，并附有计量部门的检验单。

（3）盛样皿：金属制的圆柱形平底容器。小盛样皿的内径 55 mm，深 35 mm（适用于针入度小于 200）；大盛样皿内径 70 mm，深 45 mm（适用于针入度 200~350）；对针入度大于 350 的试样需使用特殊盛样皿，其深度不小于 60 mm，试样体积不少于 125 mL。

（4）恒温水槽：容量不少于 10 L，控温精度为 ±0.1℃。水中应设有一带孔的搁板（台），位于水面下不少于 100 mm，距水槽底不得少于 50 mm 处。

（5）平底玻璃皿：容量不少于 1L，深度不少于 80 mm。内设有一不锈钢三脚支架，能使盛样皿稳定。

图 6-1 针入度仪

（6）温度计：0~50℃，分度 0.1℃。

（7）秒表：分度 0.1 s。

（8）盛样皿盖：平板玻璃，直径不小于盛样皿开口尺寸。

（9）溶剂：三氯乙烯等。

（10）其他：电炉或砂浴、石棉网、金属锅或瓷把坩埚等。

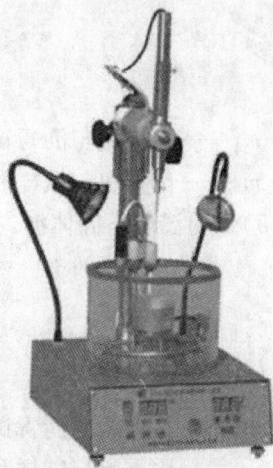

6.3.2 试验步骤

1. 准备工作

（1）将试样放在放有石棉垫的炉具上缓慢加热，时间不超过 30 min，用玻璃棒轻轻搅拌，防止局部过热。加热脱水温度，石油沥青不超过软化点以上 100℃，煤沥青不超过软化点以上 50℃。沥青脱水后通过 0.6 滤筛过筛。

（2）试样注入盛样皿中，高度应超过预计针入度值 10 mm，盖上盛样皿盖，防止落入灰尘。在 15~30℃室温中冷却 1~1.5 h（小盛样皿）、或者 2~2.5 h（特殊盛样皿）后，再移入保持规定试验温度 ±0.1℃的恒温水槽中恒温 1~1.5 h（小盛样皿）、1.5~2 h（大盛样皿）或者 2~2.5 h（特殊盛样皿）。

（3）调整针入度仪使之水平。检查针连杆和导轨，以确认无水和其他外来物，无明显摩擦。用三氯乙烯或其他溶剂清洗标准针，并擦干。将标准针插入针连杆，用螺丝固紧。按试验条件，加上附加砝码。

2. 试验步骤

（1）取出达到恒温的盛样皿，并移入水温控制在试验温度 ±0.1℃（可用恒温水槽中的水）的平底玻璃皿中的三脚支架上，试样表面以上的水层深度不少于 10 mm。

（2）将盛有试样的平底玻璃皿置于针入度仪的平台上。慢慢放下针连杆，用适当位置的反光镜或灯光反射观察，使针尖恰好与试样表面接触。拉下刻度盘的拉杆，使与针连杆顶端轻轻接触，调节刻度盘或深度指示器的指针指示为零。

（3）开动秒表，在指针正指 5 s 的瞬间，用手紧压按钮，使标准针自动下落贯入试样，经规定时间，停压按钮使针停止移动。拉下刻度盘拉杆与针连杆顶端接触，读取刻度盘指针或位移指示器的读数，即为针入度，准确至 0.5(0.1 mm)。当采用自动针入度仪时，计时与标准针落下贯入试样同时开始，至 5 s 时自动停止。

（4）同一试样平行试验至少 3 次，各测试点之间及与盛样皿边缘的距离不应少于 10 mm。每次试验后应将盛有盛样皿的平底玻璃皿放入恒温水槽，使平底玻璃皿中水温保持试验温度。每次试验应换一根干净标准针或将标准针取下用蘸有三氯乙烯溶剂的棉花或布揩净，再用干棉花或布擦干。

（5）测定针入度大于 200 的沥青试样时，至少用 3 支标准针，每次试验后将针留在试样中，直至 3 次平行试验完成后，才能将标准针取出。

6.3.3　试验结果及数据整理

（1）同一试样的 3 次平行试样结果的最大值与最小值之差在下列允许偏差范围内时，计算 3 次试验结果的平均值，取整数作为针入度试验结果，以 0.1 mm 为单位。

当试验结果超出表 6－1 所规定的范围时，应重新进行试验。

表 6－1　允许差值表

针入度(0.1mm)	0~49	50~149	150~249	250~500
允许差值(0.1mm)	2	4	12	20

（2）当试验结果小于 50(0.1 mm)时，重复性试验的允许差为不超过 2(0.1 mm)，重复性试验的允许差为不超过 4(0.1 mm)。

（3）当试验结果等于或大于 50(0.1 mm)时，重复性试验的允许差为不超过平均值的 4%，复现性试验的允许差为不超过平均值的 8%。

6.3.4　注意事项

（1）根据沥青的标号选择盛样皿，试样深度应大于预计穿入深度 10 mm。不同的盛样皿在恒温水浴中的恒温时间不同。将沥青试样注入试皿时，不应留有气泡；若有气泡，可用明火将其消掉，以免影响结果的正确性。

（2）试验时要注意温度、时间和针质量。试验时要定期检验标准针，尤其不能使用针尖被损的标准针，在每次试验时，均应用三氯乙烯擦拭标准针。同时要严格控制温度，使其满足精度要求。测定针入度时，水温应当控制在(25±1)℃范围内，试样表面以上的水层高度不小于 10 mm。

（3）影响沥青针入度测定值的一个非常重要的步骤就是标准针与试样表面的接触情况。在试验时，一定要让标准针刚接触试样表面；试验时可将针入度仪置于光线照射处，从试样表面观察标准针的倒影，而后调节标准针升降，使标准针与其倒影刚好接触即可。测定时针尖应刚好与试样表面接触，必要时用放置在合适位置的光源反射来观察，使活杆与针连杆顶端相接触，调节针入度刻度盘使指针为零。

（4）在 3 次重复测定时，各测定点之间与试样皿边缘之间的距离不应小于 10 mm。

（5）3 次平行试验结果的最大值与最小值应在规定的允许值差值范围内，若超过规定差值试验应重新做。

（6）测定沥青针入度指数 PI 时，按同样的方法分别在 15℃，25℃，30℃（或 5℃）3 个温度条件下分别测定沥青的针入度。

6.4 沥青软化点试验

沥青材料是一种非晶体高分子材料，它由液态凝结为固态，或由固态熔化为液态，没有敏锐的固化点和液化点，通常采用条件的硬化点和滴落点来表示。沥青材料在硬化点至滴落点之间的温度阶段时，是一种滞流状态。在工程实用中为保证沥青不至由于温度升高而产生流动的状态，因此取液化点与固化点之间温度间隔的 87.21% 作为软化点。软化点的数值随采用的仪器不同而异，我国现行规范试验采用环球法。

软化点是沥青达到规定条件粘度时的温度，所以软化点既是反映沥青材料稳定性的一个指标，也是沥青粘稠性的一种量度。

本方法适用于测定道路石油沥青、煤沥青的软化点，也适用于测定液体石油沥青经蒸馏或乳化沥青破乳蒸发后残留物的软化点。

6.4.1 主要仪器设备

（1）软化点试验仪：如图 6-2。由耐热玻璃烧杯、金属支架、钢球、试样环、钢球定位环、温度计等部件组成。耐热玻璃烧杯容量 800~1000 mL，直径不少于 86 mm，高不少于 120 mm，金属支架由两个主杆和三层平行的金属板组成。上层为一圆盘，直径略大于烧杯直径，中间有一圆孔，用以插放温度计。中层板上有两个孔，各放置金属环，中间有一小孔可支持温度计的测温端部。一侧立杆距环上面 51 mm 处刻有水高标记。环下面距下层底板为 25.4 mm，而下底板距烧杯底不少于 12.7 mm，也不得大于 19 mm。三层金属板和两个主杆由两螺母固定在一起；钢球直径 9.53 mm，质量（3.5 ± 0.05）g；试样杯由黄铜或不锈钢制成，高（6.4 ± 0.1）mm，下端有一个 2 mm 的凹槽；钢球定位环由黄铜或不锈钢制成。

（2）温度计：0~80℃，分度为 0.5℃。

（3）装有温度调节器的电炉或其他加热炉具（液化石油气、天然气等）。应采用带有振荡搅拌器的加热电炉，振荡子置于烧杯底部。

（4）试样底板：金属板（表面粗糙度应达 $Ra0.8\ \mu m$）或玻璃板。

（5）恒温水槽：控温的准确度为 0.5℃。

（6）平直刮刀。

（7）甘油滑石粉隔离剂（甘油与滑石粉的质量比为 2:1）。

（8）新煮沸过的蒸馏水。

（9）其他：石棉网。

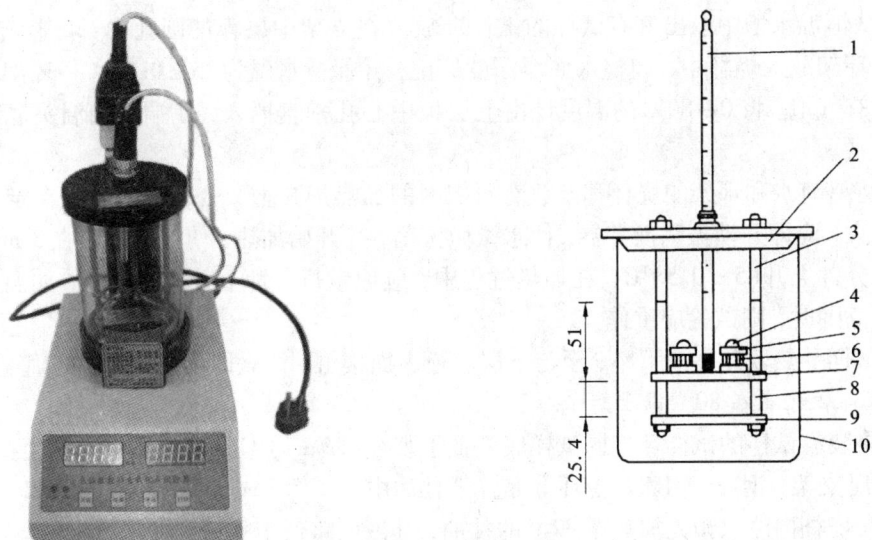

图 6 - 2 沥青软化点测试仪

1—温度计；2—上承载板；3—枢轴；4—钢球；5—环套；
6—环；7—中承板；8—支承座；9—下承板；10—烧杯

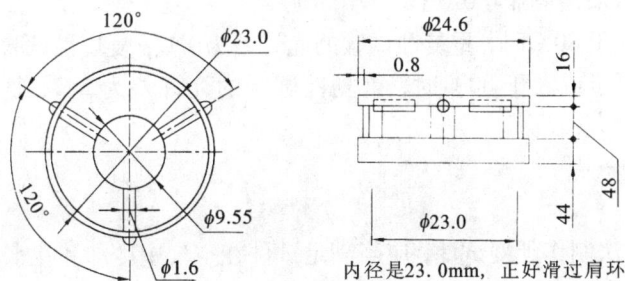

内径是23.0mm，正好滑过肩环

图 6 - 3 钢球定位器构造

6.4.2 试验步骤

准备工作：将试样环置于涂有甘油滑石粉隔离剂的试样底板上，将准备好的沥青试样徐徐注入试样环内至略高出环面为止。

如估计试样软化点高于 120℃，则试样环和试样底板（不用玻璃板）均应预热至80~100℃。

试样在室温冷却 30 min 后，用环夹夹着试样杯，并用热刮刀刮除环面上的试样，务使与环面齐平。

1. 试样软化点在80℃以下者

（1）将装有试样的试样环连同试样底板置于（5±0.5）℃水的恒温水槽中至少 15 min；同时将金属支架、钢球、钢球定位环等亦置于相同水槽中。

（2）烧杯内注入新煮沸并冷却至5℃的蒸馏水，水面略低于立杆上的深度标记。

（3）从恒温水槽中取出盛有试样的试样环放置在支架中层板的圆孔中，套上定位环；然后将整个环架放入烧杯中，调整水面至深度标记，并保持水温为(5±0.5)℃。环架上任何部分不得附有气泡。将0～80℃的温度计由上层板中心孔垂直插入，使端部测温头底部与试样环下面齐平。

（4）将盛有水和环架的烧杯移至放有石棉网的加热炉具上，然后将钢球放在定位环中间的试样中央，立即开动振荡搅拌器，使水微微振荡，并开始加热，使杯中水温在3 min内调节至维持每分钟上升(5±0.5)℃。在加热过程中，应记录每分钟上升的温度值，如温度上升速度超出此范围时，则试验应重作。

（5）试样受热软化逐渐下坠，至与下层底板表面接触时，立即读取温度，准确至0.5℃。

2. 试样软化点在80℃以上者

（1）将装有试样的试样环连同试样底板置于装有(32±1)℃甘油的恒温槽中至少15 min，同时将金属支架、钢球、钢球定位环等亦置于甘油中。

（2）在烧杯内注入预先加热至32℃的甘油，其液面略低于立杆上的深度标记。

（3）从恒温槽中取出装有试样的试样环，按上述(1)的方法进行测定，准确至1℃。

6.4.3 试验结果及数据整理

同一试样平行试验两次，当两次测定值的差值符合重复性试验精密度要求时，取其平均值作为软化点试验结果，准确至0.5℃。

当试样软化点小于80℃时，重复性试验的允许差为1℃，复现性试验的允许差为4℃。

当试样软化点等于或大于80℃时，重复性试验的允许差为2℃，复现性试验的允许差为8℃。

6.4.4 注意事项

（1）按照规定方法制作延度试件，应当满足试件在空气中冷却和在水浴中保温的时间。

（2）估计软化点在80℃以下时，实验采用新煮沸并冷却至5℃的蒸馏水作为起始温度测定软化点；当估计软化点在80℃以上时，试验采用(32±1)℃的甘油作为起始温度测定软化点。

（3）环架放入烧杯后，烧杯中的蒸馏水或甘油应加入至环架深度标记处，环架上任何部分均不得有气泡。

（4）加热3 min内调节到使液体维持每分钟上升(5±0.5)℃，在整个测定过程中如温度上升速度超出此范围应重作试验。

（5）两次平行试验测定值的差值应当符合重复性试验精度。

6.5 沥青延度试验

沥青延度是规定形状的试样在规定温度(25℃/15℃/5℃)条件下以规定拉伸速度(5 cm/min)拉至断开时的长度，以cm表示。通过延度试验测定沥青能够承受的塑性变形总能力。

本方法适用于测定道路石油沥青、液体沥青蒸馏和乳化沥青蒸发残留物的延度。

6.5.1 主要仪器设备

(1)延度仪:如图 6-4。将试件浸没于水中,能保持规定的试验温度及按照规定拉伸速度拉伸试件且试验时无明显振动的延度仪均可使用。

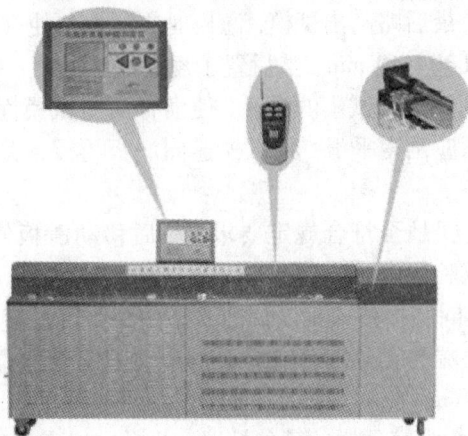

图 6-4 延度仪

(2)延度试模:黄铜制,由试模底板、两个端模和两个侧模组成,延度试模可从试模底板上取下。如图 6-5。

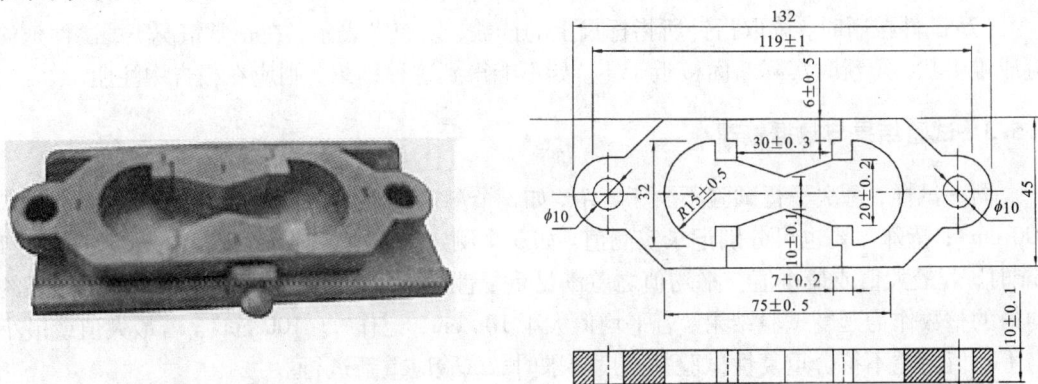

图 6-5 延度试模

(3)恒温水槽:容量不少于 10 L,控制温度的准确度为 ±0.1℃,水槽中应设有带孔搁架,搁架距水槽底不得少于 50 mm。试件浸入水中深度不小于 100 mm。

(4)温度计:0~50℃,分度为 0.1℃。

(5)甘油滑石粉隔离剂(甘油与滑石粉的质量比为 2:1)。

(6)其他:平刮刀、石棉网、酒精、食盐等。

6.5.2　试验步骤

（1）将隔离剂拌和均匀，涂于清洁干燥的试模底板和两个侧模的内侧表面，并将试模在试模底板上装妥。

（2）将加热脱水的沥青试样，通过 0.6 mm 筛过滤，然后将试样仔细自试模的一端至另一端往返数次缓缓注入模中，最后略高出试模，灌模时应注意勿使气泡混入。

（3）试件在室温中冷却 30 ~ 40 min，然后置于规定试验温度 ±0.1℃ 的恒温水槽中，保持 30 min 后取出，用热刮刀刮除高出试模的沥青，使沥青面与试模面齐平。沥青的刮法应自试模的中间刮向两端，且表面应刮得平滑。将试模连同底板再浸入规定试验温度的水槽中 1 ~ 1.5 h。

（4）检查延度仪延伸速度是否符合规定要求，然后移动滑板使其指针正对标尺的零点，将延度仪注水，并保温达试验温度 ±0.5℃。

（5）将保温后的试件连同底板移入延度仪的水槽中，然后将盛有试样的试模自玻璃板或不锈钢板上取下，将试模两端的孔分别套在滑板及槽端固定板的金属柱上，并取下侧模。水面距试件表面应不小于 25 mm。

（6）开动延度仪，并注意观察试样的延伸情况。此时应注意，在试验过程中，水温应始终保持在试验温度规定范围内，且仪器不得有振动，水面不得有晃动，当水槽采用循环水时，应暂时中断循环，停止水流。

在试验中，如发现沥青细丝浮于水面或沉入槽底时，则应在水中加入酒精或食盐，调整水的密度至与试样相近后，重新试验。

（7）试件拉断时，读取指针所指标尺上的读数，以厘米表示，在正常情况下，试件延伸时应成锥尖状，拉断时实际断面接近于零。如不能得到这种结果，则应在报告中注明。

6.5.3　试验结果与数据整理

同一试样，每次平行试验不少于 3 个，如 3 个测定结果均大于 100 cm，试验结果记作" > 100 cm"；特殊需要也可分别记录实测值。如 3 个测定结果中，有一个以上的测定值小于 100 cm 时，若最大值或最小值与平均值之差满足重复性试验精密度要求，则取 3 个测定结果的平均值的整数作为延度试验结果，若平均值大于 100 cm，记作" > 100 cm"。若最大值或最小值与平均值之差不符合重复性试验精密度要求时，试验应重新进行。

当试验结果小于 100 cm 时，重复性试验精度的允许差为平均值的 20%；复现性试验的允许差为平均值的 30%。

6.5.4　注意事项

（1）按照规定方法制作延度试件，应当满足试件在空气中冷却和在水浴中保温的时间。

（2）检查延度仪拉伸速度是否符合要求，移动滑板是否能使指针对准标尺零点，检查水槽中水温是否符合规定温度。

（3）拉伸过程中水面应距试件表面不小于 25 mm，如发现沥青丝浮于水面则应在水中加入酒精，若发现沥青丝沉入槽底则应在水中加入食盐，调整水的密度至于试样的密度接近后再重新进行测定。

(4)试样在断裂时的实际断面应为零,若得不到该结果则应在报告中注明在此条件下无测定结果。

(5)3 个平行试验结果的最大值与最小值之差应当满足重复性试验精度的要求。

6.6 沥青运动粘度试验

6.6.1 试验目的

本方法适用于采用毛细管粘度计测定粘稠石油沥青、液体石油沥青及其蒸馏后残留物的运动枯度。

非经注明,试验温度为 135℃(粘稠石油沥青)及 60℃(液体石油沥青)。为得到粘稠石油沥青高温时的粘温曲线,以决定等粘温度作为施工温度时,宜用 120℃、150℃、180℃作为试验温度。

6.6.2 主要仪器设备

(1)毛细管粘度计:如图 6 - 6。通常采用坎芬式(Cannon - Fenske)逆流毛细管粘度计,也可采用国外通用其他的类型,如翟富斯横臂式(Zeitfuchs Cross - Arm)粘度计、兰特兹 - 翟富斯(Lantg - Zeitfuchs)型逆流式粘度计以及 BS/IP/RT U 型逆式粘度计等毛细管粘度计进行测定。

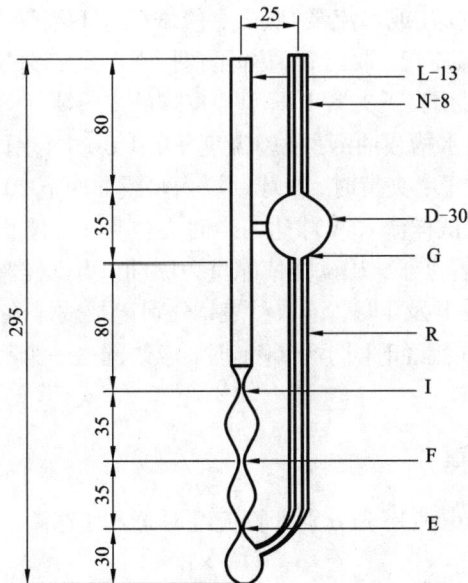

图 6 - 6 毛细管粘度计

(2)恒温水槽或油浴:具有透明壁或装有观测孔,容积不少于 2L,并能使毛细管距浴壁的距离及试样距浴面至少为 20mm,并装有加热温度调节器、自动搅拌器及带夹具的盖子等,其控温精密度能达到测定要求。

（3）温度计：分度为0.1℃。

（4）烘箱：装有温度自动调节器。

（5）秒表：分度0.1 s，15 min 的误差不超过±0.05%。

（6）水流泵或橡皮球。

（7）硅油或闪点高于215℃的矿物油。

（8）溶剂：三氯乙烯（化学纯）。

（9）其他：洗液、蒸馏水等。

6.6.3 试验步骤

准备工作：估计试样的粘度，根据试样流经毛细管规定体积的时间大于60 s 来选择粘度计的型号。

将粘度计用三氯乙烯等溶剂洗涤干净。如粘度计沾有油污，应用洗液、蒸馏水或乙醚等仔细洗涤。洗涤后置温度（105±5）℃的烘箱中烘干，或用通过棉花过滤的热空气吹干，然后预热至要求的测定温度。

将液体沥青在室温下充分搅拌30 min，注意勿带入空气形成气泡。如液体沥青粘度过大，可将试样置（60±3）℃的烘箱中，加热30 min。将准备好的粘稠沥青试样，均匀加热至试验温度±5℃后倾入一个小盛样器中，其容积不少于20 mL，并用盖盖好。

调节恒温水槽或油浴的液面及温度，使保持在试验温度±0.1℃。

（1）将粘度计预热至试验温度后取出垂直倒置，使毛细管 N 通过橡皮管浸入沥青试样中。在管 L 的管口接一橡皮球（或水流泵）吸气，使试样经毛细管 N 充满 D 球并充满至 G 处后，用夹子夹住 N 管上的橡皮管，取出 N 管并迅速揩干 N 管口外部所粘附试样，并将粘度计倒转恢复到正常位置。然后用夹子夹紧 L 管上橡皮球的皮管。

（2）将粘度计移入恒温水槽或油浴（试验温度±0.1℃）中，用橡皮的夹子将 N 管夹持固定，并使 L 管保持垂直。注意：夹持时，D 球须浸入水或油面下20 mm 以上。

（3）放松 L 管夹子，使试样流入 A 球达一半时夹住夹子，停止试样流动。然后在恒温浴中保温30 min 后，放松 L 管夹子，让试样依靠重力流动。当试样弯液面达到标线 E 时，开动秒表，当试样液面流经标线 F 及 J 时，读取秒表，分别记录试样流经标志 E 到 F 和 F 到 J 的时间，准确至0.1 s。如试样流经时间小于60 s 时，应改选另一个毛细管直径较小型号的粘度计，重复上述操作。

6.6.4 试验结果及数据整理

（1）按公式（6-10）、（6-11）先分别计算流经 C 球和 J 球测定的运动粘度：

$$v_C = C_C \times t_C \tag{6-10}$$

$$v_J = C_J \times t_J \tag{6-11}$$

式中：v_C，v_J——试样流经 C，J 测定球的运动粘度，mm^2/s；

　　C_C，C_J——C，J 球的粘度计标定常数，mm^2/s；

　　t_C，t_J——试样流经 C，J 球的时间，s。

（2）当 v_C 及 v_J 之差不超过平均值的3%时，试样的运动粘度按公式（6-12）计算；若 v_C

及 v_J 之差超过平均值的 3% 时,试验应重新进行。

$$v_T = \frac{v_C + v_J}{2}$$

(6 – 12)

式中:v_T——试样在温度 T_C 时的运动粘度,mm^2/s;

v_C——试样流经 C 球时的运动粘度,mm^2/s;

v_J——试样流经 J 球时的运动粘度,mm^2/s。

(3)同一试样至少用两根毛细管平行试验两次,取平均值作为试验结果。

(4)精密度或允许差见表 6 – 2。

表 6 – 2　精密度或允许差值

		允许差(以平均值的 % 计)	
		重复性试验	复现性试验
粘 稠 沥 青		3	8.8
液体沥青[60℃运动粘度范围(mm^2/s)]	<3000	1.5	3.0
	3000 ~ 6000	2.0	9.0
	>6000	8.9	10.0

6.6.5　注意事项

(1)检查各设备是否符合要求。

(2)测定运动粘度时,水温应当控制在所需温度 ±1℃ 范围内。

(3)操作要准确到位,计时要迅速精确。

(4)注意试验结果的取值方法。

6.7　沥青溶解度试验

各国的沥青标准中沥青溶解度指标规定都不小于 99.0%,其主要目的是测试沥青产品的纯净程度。

沥青溶解度试验适用于测定石油沥青、液体石油沥青或乳化沥青蒸发后残留物的溶解度。非经注明,溶剂为三氯乙烯。

6.7.1　主要仪器设备

(1)分析天平:如图 6 –7。称量 100 g,感量不大于 0.2 mg。

(2)锥形烧瓶:200 mL。

(3)古氏坩埚:50 mL。

(4)玻璃纤维滤纸:直径 2.6 cm,最小过滤孔 0.6 μm。

(5)过滤瓶:250 mL。

(6)橡胶管或接关:固定古氏坩埚在吸滤瓶上用。

（7）洗瓶。

（8）量筒：100 mL。

（9）干燥器。

（10）烘箱：装有温度自动调节器。

（11）水槽。

（12）双连球、水流泵或真空泵。

（13）三氯乙烯（化学纯）。

6.7.2 试验步骤

（1）按规定方法准备沥青试样。将玻璃纤维滤纸置于洁净的古氏坩埚中的底部，用溶剂冲洗滤纸和古氏坩埚，使溶剂挥发后，置温度为（105 ± 5）℃的烘箱内干燥至恒重（一般为 15 min），然后

图 6-7　分析天平

移入干燥器中冷却，冷却时间不少于 30 min，称其质量（m_1），准确至 0.2 mg。

（2）称取已烘干的锥形烧瓶和玻璃棒（m_2）的质量，准确至 0.2 mg。用预先干燥的锥形烧瓶称取沥青试样 2 g（m_3），准确至 0.2 mg。在不断摇动下，分次加入三氯乙烯 100 mL。直至试样溶解后盖上瓶塞，并在室温下放置至少 15 min。

（3）将已称质量的滤纸及古氏坩埚，安装在过滤烧瓶上，用少量的三氯乙烯润湿玻璃纤维滤纸。然后，将沥青溶液沿玻璃棒倒入玻璃纤维滤纸中，并以连续滴状速度进行过滤。必要时，使用水流泵或真空泵过滤。过滤时，应尽量将在锥形烧瓶中的不溶物移入坩埚，直至全部溶液滤完。用少量溶剂分次清洗锥形烧瓶，并将全部不溶物移至坩埚中。再用溶剂洗涤古氏坩埚的玻璃纤维滤纸，直至滤液无色透明为止。

（4）取出古氏坩埚，置通风处，直至无溶剂气味为止；然后，将古氏坩埚移入温度为（105 ±5）℃的烘箱中至少 20 min；同时，将原锥形瓶、玻璃棒等也置于烘箱中烘至恒重。

（5）取出古氏坩埚及锥形瓶等置干燥器中冷却（30 ±5）min 后，分别称其质量（m_4，m_5），直至连续称量的差不大于 0.3 mg 为止。

6.7.3 试验结果与数据整理

沥青试样的可溶物含量按式（6-13）计算。

$$S_b = \left[1 - \frac{(m_4 - m_1) + (m_5 - m_2)}{m_3 - m_2} \right] \times 100 \qquad (6-13)$$

式中：S_b——沥青试样的溶解度，%；

　　　m_1——古氏坩埚与玻璃纤维滤纸合计质量，g；

　　　m_2——锥形瓶与玻璃棒合计质量，g；

　　　m_3——锥形瓶、玻璃棒与沥青试样合计质量，g；

　　　m_4——古氏坩埚、玻璃纤维滤纸与不溶物合计质量，g；

　　　m_5——锥形瓶、玻璃棒与粘附不溶物合计质量，g。

6.7.4 注意问题

（1）同一试样至少平行试验两次，当两次结果之差不大于 0.1% 时，取其平均值作为试验

结果。对于溶解度大于99.0%的试验结果，准确至0.01%；对于溶解度等于或小于99.0%的试验结果，准确至0.1%。

（2）当试验结果平均值大于99.0%时，重复性试验的允许差为0.1%，复现性试验的允许差为0.5%。

6.8　沥青薄膜加热试验

沥青薄膜加热试验适用于测定道路石油沥青薄膜加热后的质量损失，并根据需要，测定薄膜加热后残留物的针入度、粘度、软化点、脆点及延度等性质的变化，以评定沥青的耐老化性能。

6.8.1　主要仪器设备

（1）薄膜加热烘箱：如图6-8。标称温度范围200℃，控温的准确度为1℃，装有温度调节器和可转动的圆盘架如图6-6。圆盘直径360~370 mm上有浅槽4个，供放置盛样皿，转盘中心由一垂直轴悬挂于烘箱的中央，由传动机构使转盘水平转动，速度为(5.5±1) r/min。门为双层，两层之间应留有间隙，内层门为玻璃制，只要打开外门，即可通过玻璃读取烘箱中温度计的读数。烘箱应能自动通风，为此在烘箱上下部设有气孔，以供热空气和蒸气的逸出和空气进入。

图6-8　薄膜加热烘箱

（2）盛样皿：铝或不锈钢制成的浅盘，尺寸内径140 mm±1 mm，深9.5~10 mm。每个试验时一般不少于4个。

（3）温度计：0~200℃，分度为0.5℃（允许由普通温度计代替）。

（4）天平：感量不大于1 mg。

（5）其他：干燥器、计时器等。

6.8.2　试验步骤

（1）将洁净、烘干、冷却后的盛样皿编号，称其质量（m_0），准确至1 mg。然后分别注入4个已称质量的盛样皿中(50±0.5)g，并形成沥青厚度均匀的薄膜，放入干燥器中冷却至室温后称取质量(m_1)，准确至 1 mg。同时按规定方法，测定沥青试样薄膜加热试验前的针入度、粘度、软化点、脆点及延度等性质。当试验项目需要，预计沥青数量不够时，可增加盛样皿数目，但不允许将不同品种或不同标号的沥青，同时放在一个烘箱中试验。

（2）将温度计垂直悬挂于转盘轴上，位于转盘中心，水银球应在转盘顶面上的 6 mm 处，并将烘箱加热并保持至(163 ± 1)℃。把烘箱调整水平，使转盘在水平面上以(5.5 ± 1) r/min 的速度旋转，转盘与水平面倾斜角不大于 3°，温度计位置距转盘中心和边缘距离相等。

（3）在烘箱达到恒温 163℃后，将盛样皿迅速放入烘箱内的转盘上，并关闭烘箱门和开动转盘架；使烘箱内温度回升至 162℃时开始计时，连续 5 h 并保持温度(163 ± 1)℃。但从放置盛样皿开始至试验结束的总时间，不得超过 5.25 h。

（4）加热后取出盛样皿，放入干燥器中冷却至室温后，随机取其中两个盛样皿分别称其质量(m_2)，准确至 1 mg。注意：即使不进行质量损失测定的，亦应放入干燥器中冷却，但不称质量。

（5）将盛样皿置于石棉网上，并连同石棉网放回(163 ± 1)℃的烘箱中转动 15 min；然后，取出石棉网和盛样皿，立即将沥青残留物样品刮入一适当的容器内，置于加热炉上加热并适当搅拌使充分融化达流动状态。将热试样倾入针入度盛样皿或延度、软化点等试模内，并按规定方法进行针入度等各项薄膜加热试验后残留物的相应试验。如在当日不能进行试验时，试样应在容器内冷却后放置过夜，但全部试验必须在加热后 72 h 内完成。

6.8.3　试验结果及数据整理

（1）沥青薄膜试验后质量损失按式（6－14）计算，精确至小数点后 1 位（质量损失为负值，质量增加为正值）。

$$L_T = \frac{m_0 - m_1}{m_1 - m_2} \times 100 \qquad (6-14)$$

式中：L_T——试样薄膜加热质量损失，%；

$\quad m_0$——试样皿质量，g；

$\quad m_1$——薄膜烘箱加热前盛样皿与试样合计质量，g；

$\quad m_2$——薄膜烘箱加热后盛样皿与试样合计质量，g。

（2）沥青薄膜烘箱试验后，残留物针入度比以残留物针入度占原试样针入度的比值按式（6－15）计算。

$$K_P = \frac{P_2}{P_1} \times 100 \qquad (6-15)$$

式中：K_P——试样薄膜加热后残留物针入度比，%；

$\quad P_1$——薄膜加热试验前原试样的针入度(0.1 mm)；

$\quad P_2$——薄膜烘箱加热后残留物的针入度(0.1 mm)。

（3）沥青薄膜加热试验的残留物软化点增值按式（6－16）计算。

$$\Delta T = T_2 - T_1 \qquad (6-16)$$

式中：Δ_T——薄膜加热试验后软化点增值，℃；

$\quad T_1$——薄膜加热试验前软化点，℃；

$\quad T_2$——薄膜加热试验后软化点，℃。

（4）沥青薄膜加热试验粘度比按式（6-17）计算。

$$K_\eta = \frac{\eta_2}{\eta_1} \qquad (6-17)$$

式中：K_η——薄膜加热试验前后60℃粘度比；

η_2——薄膜加热试验后60℃粘度，Pa·s；

η_1——薄膜加热试验前60℃粘度，Pa·s。

（5）沥青的老化指数按式（6-18）计算。

$$C = \lg\lg(\eta_2 \times 10^3) - \lg\lg(\eta_1 \times 10^3) \qquad (6-18)$$

式中：C——沥青薄膜加热试验的老化指数。

6.8.4 说明与注意问题

（1）质量损失，当两个试样皿的质量损失符合重复性试验精密度要求时，取其平均值作为试验结果，准确至小数点后2位。

（2）根据需要报告残留物的针入度及针入度比、软化点及软化点增值、粘度及粘度比、老化指数、延度、脆点等各项性质的变化。

（3）当薄膜加热后质量损失小于或等于0.4%时，重复性试验的允许差为0.04%，复现性试验的允许差为0.16%；当薄膜加热后质量损失大0.4%时，重复性试验的允许差为平均值的8%，复现性试验的允许差为平均值的40%。残留物针入度、软化点、延度、粘度等性质试验的精密度应符合相应的试验方法的规定。

6.9 沥青与粗集料的粘附性试验

粘附性是沥青材料的主要性能之一，沥青在沥青混合料中以薄膜的形式涂覆在集料颗粒表面，并将松散的矿质集料粘结为一个整体。粘附性除了与沥青本身的粘结能力有关外，还与表面的粗糙程度以及化学性质有关，粘结能力较强的沥青。和表面较粗糙的碱性集料的粘附性一般也较大。

本方法适用于检验沥青与粗集料表面的粘附性及评定粗集料的抗水剥离能力。对于最大粒径大于13.2 mm 的集料应用水煮法，对最大粒径小于或等于13.2 mm 的集料应用水浸法进行试验。对同一种料源集料最大粒径既有大于又有小于13.2 mm 不同的集料时，取大于13.2 mm 水煮法试验为标准，对细粒式沥青混合料应以水浸法试验为标准。

6.9.1 主要仪器设备

（1）天平：称量500 g，感量不大于0.01 g。

（2）恒温水槽：能保持温度（80±1）℃。

（3）拌和用小型容器：500 mL。

（4）烧杯：1000 mL。

（5）试验架。

（6）细线：尼龙线或棉线、铜丝线。

（7）铁丝网。

(8)标准筛:9.5 mm、13.2 mm、19 mm 各1个。

(9)烘箱:装有自动温度调节器。

(10)电炉、燃气炉。

(11)玻璃板:200 mm × 200 mm 左右。

(12)搪瓷盘:300 mm × 400 mm 左右。

(13)其他:拌和铲、石棉网、纱布、手套等。

6.9.2 水煮法试验步骤

(1)将集料过13.2 mm,19 mm 的筛,取粒径13.2 mm ~ 19 mm 形状接近立方体的规则集料5个,用洁净水洗净,置温度为(105 ± 5)℃的烘箱中烘干,然后放在干燥器中备用。将大烧杯中盛水,并置加热炉的石棉网上煮沸。

(2)将集料逐个用细线在中部系牢,再置(105 ± 5)℃烘箱内1 h。准备沥青试样。

(3)逐个取出加热的矿料颗粒用线提起,浸入预先加热的沥青(石油沥青130 ~ 150℃,煤沥青100 ~ 110℃)试样中45 s 后,轻轻拿出,使集料颗粒完全为沥青膜所裹覆。将裹覆沥青的集料颗粒悬挂于试验架上,下面垫一张纸,使多余的沥青流掉,并在室温下冷却15 min。

(4)待集料颗粒冷却后,逐个用线提起,浸入盛有煮沸水的大烧杯中央,调整加热炉,使烧杯中的水保持微沸状态,但不允许有沸开的泡沫。

(5)浸煮3 min 后,将集料从水中取出,观察矿料颗粒上沥青膜的剥落程度,并按表6-3评定其粘附性等级。

(6)同一试样应平行试验5个集料颗粒,并由两名以上经验丰富的试验人员分别评定后,取平均等级作为试验结果。

表6-3 沥青与集料的粘附性等级

试验后石料表面上沥青膜剥落情况	粘附性等级
沥青膜完全保存,剥离面积百分率接近于0	5
沥青膜少部为水所移动,厚度不均匀,剥离面积百分率少于10%	4
沥青膜局部明显地为水所移动,基本保留在石料表面上,剥离面积百分率少于30%	3
沥青膜大部为水所移动,局部保留在石料表面上,剥离面积百分率大于30%	2
沥青膜完全为水所移动,石料基本裸露,沥青全浮于水面上	1

6.9.3 水浸法试验步骤

(1)将集料过9.5 mm、13.2 mm 筛,取粒径9.5 ~ 13.2 mm 形状规则的集料200 g 用洁净水洗净,并置温度为(105 ± 5)℃的烘箱中烘干,然后放在干燥器中备用。

(2)准备沥青试样,并加热至要求决定的沥青与矿料的拌和温度。将煮沸过的热水注入恒温水槽中,并维持温度(80 ± 1)℃。

(3)按四分法称取集料颗粒(9.5 ~ 13.2 mm)100 g 置搪瓷盘中,连同搪瓷盘一起放入已升温至沥青拌和温度以上5℃的烘箱中持续加热1 h。按每100 g 矿料加入沥青(5.5 ± 0.2) g

的比例称取沥青，准确至 0.1 g，放入小型拌和容器中，一起置入同一烘箱中加热 15 min。

（4）将搪瓷盘中的集料倒入拌和容器的沥青中后，从烘箱中取出拌和容器，立即用金属铲均匀拌和 1 ~ 1.5 min，使集料完全被沥青薄膜裹覆。然后，立即将裹有沥青的集料取 20 个，用小铲移至玻璃板上摊开，并置室温下冷却 1 h。将放有集料的玻璃板浸入温度为(80 ± 1)℃的恒温水槽中，保持 30 min，并将剥离及浮于水面的沥青，用纸片捞出。

（5）由水中小心取出玻璃板，浸入水槽内的冷水中，仔细观察裹覆集料的沥青薄膜的剥落情况。由两名以上经验丰富的试验人员分别目测，评定剥离面积的百分率，评定后取平均值表示。

（6）由剥离面积百分率按表 6 - 3 评定沥青与集料粘附性的等级。

6.9.4 说明与注意问题

水浸法试验时，为使估计的剥离面积百分率较为正确，宜先制取若干个不同剥离率的样本，用比照法目测评定，不同剥离率的样本，可用加不同比例抗剥离剂的改性沥青与酸性集料拌和后浸水得到，也可由同一沥青与不同集料品种拌和后浸水得到，样本的剥离面积百分率逐个仔细计算得出。

思考题

1. 在准备沥青试件时，为什么要严格控制温度？
2. 沥青的三大指标是什么？它们分别反映沥青的什么性能？
3. 在进行沥青的延度试验时，沥青细丝浮于水面或沉入槽底时该采取什么措施？
4. 国产沥青的老化性能和评价指标各有哪些？

第7章 沥青混合料试验

沥青混合料是由矿质骨架和沥青结合料所构成的、具有空间网络结构的一种多向分散体系，它的力学强度主要由矿质颗粒之间的摩擦与嵌挤作用，以及沥青及其与矿料之间的粘结力所构成。沥青混合料的弹性、粘聚性的性质主要取决于沥青的性质、粘结矿物颗粒的沥青膜厚度以及矿料与结合料相互作用的特性。

沥青混合料按其结构特点可分为悬浮密实结构、骨架空隙结构和骨架密实结构。悬浮密实结构通常是按密实级配原则进行设计的，其密实度与强度较高，水稳定性、低温抗裂性能、耐久性都比较好，但由于受沥青材料的性质和物理状态的影响较大，故高温稳定性较差。在骨架空隙结构中，粗集料之间内摩擦力与嵌挤力起决定作用，其强度受沥青材料的性质和物理状态的影响较小，故高温稳定性较好，但由于空隙率较大，其透水性、耐老化性能、低温抗裂性能、耐久性能较差。骨架密实结构兼备前两种结构的优点，有足够数量的粗集料形成骨架，又有足够的较细的沥青填料，形成较大的密实度和较小的残余空隙率，是一种较为理想的结构类型。

在不同的温度域，沥青混合料的破坏模式是不一样的。

在低温温度域，由于温度降低过快，沥青混合料收缩产生的应力来不及松弛而产生集聚，当收缩应力超过破坏强度或破坏应力、破坏劲度模量，沥青路面就会产生开裂。

在常温温度域，沥青混合料的模量既不大也不小，荷载反复作用造成的疲劳破坏是沥青路面的主要破坏模式。

在高温温度域，沥青混合料的劲度模量很低，混合料的破坏模式主要是失去稳定性，产生车辙等流动变形。混合料发生流动的原因有车辆交通的水平剪应力超过其抗剪强度，也有蠕变变形的累积形成。

本章主要介绍沥青混合料的技术性能和检验沥青混合料高温稳定性、低温抗裂性、水稳定性等各种试验方法。

7.1 沥青混合料的制备(击实法)

7.1.1 目的和适用范围

沥青混合料的制备和试件成型是按照设计的配合比，应用现场实际材料，在实验室内用小型搅拌机按规定的拌制温度制备沥青混合料，然后将这种混合料在规定的成型温度下，用击实法制成直径为101.6 mm、高为63.5 mm的圆柱体试件。

沥青混合料试件制作时的矿料规格及试件数量应符合如下规定：

沥青混合料配合比设计及在试验室人工配制沥青混合料制作试件时，试件尺寸应符合试件直径不小于集料公称最大粒径的4倍，厚度不小于集料公称最大粒径的1~1.5倍的规定。对直径φ101.6×63.5 mm的试件，集料公称最大粒径应不大于26.5 mm。对粒径大于26.5

mm 的粗粒式沥青混合料，其大于 26.5 mm 的集料应用等量的 13.2 ~ 26.5 mm 集料代替（替代法）。试验室成型的一组试件的数量不得少于 4 个，必要时宜增加至 5 ~ 6 个。

7.1.2 主要仪器设备

（1）标准击实仪：图 7 − 1。由击实锤、ϕ98.5 mm 平圆形压实头及带手柄的导向棒组成。用人工或机械将压实锤举起，从 453.2 mm ± 1.5 mm 高度沿导向棒自由落下击实。标准击实锤质量为（45369 ± 9）g。

图 7 − 1　马歇尔电动击实仪

（2）标准击实台：用以固定试模，在 200 mm × 200 mm × 457 mm 的硬木墩上面有一块 305 mm × 305 mm × 25 mm 的钢板，木墩用 4 根型钢固定在下面的水泥混凝土板上。木墩采用青网栎、松或其他干密度为 0.67 ~ 0.77 cm³ 的硬木制成。人工击实或机械击实均必须有此标准击实台。

自动击实仪是将标准击实锤及标准击实台安装一体并用电力驱动使击实锤连续击实试件且可自动记数的设备，击实速度为（60 ± 5）次/min。

（3）试验室用沥青混合料拌和机：如图 7 − 2。能保证拌和温度并充分拌和均匀，可控制拌和时间，容量不小于 10 L。

（4）脱模器：电动或手动，可无破损地推出圆柱体试件，备有标准圆柱体试件及大型圆柱体试件尺寸的推出环。

（5）试模：由高碳钢或工具钢制成，每组包括内径（102.6 ± 0.2）mm、高 87 mm 的圆柱形金属筒，底座（直径约 120.6 mm）和套筒（内径 101.6 mm、高 70 mm）各 1 个。

（6）烘箱：大、中型各一台，装有温度调节器。

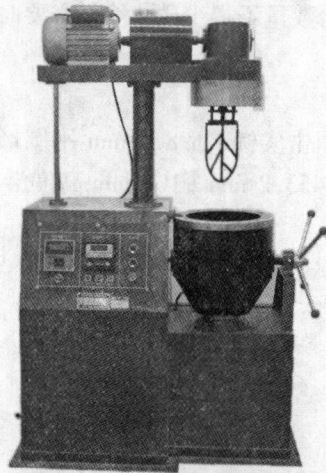

图7-2 沥青混合料拌和机

(7)天平或电子秤：用于称量矿料的，感量不大于0.5 g；用于称量沥青的，感量不大于0.1 g。

(8)沥青运动粘度测定设备：毛细管粘度计、赛波特重油粘度计或布洛克菲尔德粘度计。

(9)插刀或大螺丝刀。

(10)温度计：分度为1℃。宜采用有金属插杆的热电偶沥青温度计，金属插杆的长度不小于300 mm。量程0～300℃，数字显示或读盘指针分度0.1℃，且有留置读数功能。

(11)其他：电炉或煤气炉、沥青熔化锅、拌和铲、标准筛、滤纸(或普通纸)、胶布、卡尺、秒表、粉笔、棉纱等。

7.1.3 试验内容

1. 准备工作

(1)确定制作沥青混合料试件的拌和与压实温度。

① 测定沥青的粘度，绘制粘温曲线。按表7-1的要求确定适宜于沥青混合料拌和及压实的等粘温度。

表7-1 适宜于沥青混合料拌和及压实的沥青等粘温度

沥青结合料种类	粘度与测定方法	适宜于拌和的沥青结合料粘度	适宜于压实的沥青结合料粘度
石油沥青 (含改性沥青)	表观粘度，T0625	(0.17 ± 0.02)Pa·s	(0.28 ± 0.03)Pa·s
	运动粘度，T0619	(170 ± 20)mm³/s	(280 ± 30)mm³/s
	赛波特粘度，T0623	(85 ± 10)s	(140 ± 15)s
煤沥青	恩格拉度，T0622	25 ± 3	40 ± 5

注：液体沥青混合料的压实成型温度按石油沥青要求执行。

② 当缺乏沥青粘度测定条件时，试件的拌和与压实温度可按表 7－2 选用，并根据沥青品种和标号作适当调整。针入度小、稠度大的沥青取高限，针入度大、稠度小的沥青取低限，一般取中值。对改性沥青，应根据改性剂的品种和用量，适当提高混合料的拌和和压实温度；对大部分聚合物改性沥青，需要在基质沥青的基础上提高 15～30℃ 左右；掺加纤维时，尚需再提高 10℃ 左右。

表 7－2　沥青混合料拌和及压实温度参考表

沥青结合料种类	拌和温度/℃	压实温度/℃
石油沥青	130～150	120～150
煤沥青	90～120	80～110
改性沥青	160～175	140～170

③ 常温沥青混合料的拌和及压实在常温下进行：

（2）在试验室人工配制沥青混合料时，材料准备按下列步骤进行。

① 将各种规格的矿料置(105±5)℃ 的烘箱中烘干至恒重(一般不少于 4～6 h)。根据需要，粗集料可先用水冲洗干净后烘干。也可将粗细集料过筛后用水冲洗再烘干备用。

② 按规定试验方法分别测定不同粒径规格粗、细集料及填料(矿粉)的各种密度，按《公路工程沥青及沥青混合料试验规程》(TJT052－2000)中 T0603 测定沥青的密度。

③ 将烘干分级的粗细集料，按每个试件设计级配要求称其质量，在一金属盘中混合均匀，矿粉单独加热，置烘箱中预热至沥青拌和温度以上约 15℃ (采用石油沥青时通常为 163℃；采用改性沥青时通常需 180℃ 备用)。一般按一组试件(每组 4～6 个)备料，但进行配合比设计时宜对每个试件分别备料。当采用替代法时，对粗集料中粒径大于 26.5 mm 的部分，以 13.2～26.5 mm 粗集料等量代替。常温沥青混合料的矿料不应加热。

④ 将《公路工程沥青及沥青混合料试验规程》(TJT052－2000)中 T0601 采集的沥青试样，用恒温烘箱或油浴、电热套熔化加热至规定的沥青混合料拌和温度备用，但不得超过 175℃。当不得已采用燃气炉或电炉直接加热进行脱水时，必须使用石棉垫隔开。

（3）用沾有少许黄油的棉纱擦净试模、套筒及击实座等置 100℃ 左右烘箱中加热 1 h 备用。常温沥青混合料用试模不加热。

2. 拌制沥青混合料

（1）粘稠石油沥青或煤沥青混合料。

① 将沥青混合料拌和机预热至拌和温度以上 10℃ 左右备用(对试验室试验研究、配合比设计及采用机械拌和施工的工程，严禁用人工炒拌法热拌沥青混合料)。

② 将每个试件预热的粗细集料置于拌和机中，用小铲子适当混合，然后再加入需要数量的已加热至拌和温度的沥青(如沥青已称量在一专用容器内时，可在倒掉沥青后用一部分热矿粉将沾在容器壁上的沥青擦拭一起倒入拌和锅中)，开动拌和机一边搅拌一边将拌和叶片插入混合料中拌和 1～1.5 min，然后暂停拌和，加入单独加热的矿粉，继续拌和至均匀为止，并使沥青混合料保持在要求的拌和温度范围内。标准的总拌和时间为 3 min。

（2）液体石油沥青混合料。

将每组(或每个)试件的矿料置已加热至55~100℃的沥青混合料拌和机中,注入要求数量的液体沥青,并将混合料边加热边拌和,使液体沥青中的溶剂挥发至50%以下。拌和时间应事先试拌决定。

(3)乳化沥青混合料

将每个试件的粗细集料,置于沥青混合料拌和机(不加热,也可用人工炒拌)中,注入计算的用水量(阴离子乳化沥青不加水)后,拌和均匀并使矿料表面完全湿润,再注入设计的沥青乳液用量,在1 min内使混合料拌匀,然后加入矿粉后迅速拌和,使混合料拌成褐色为止。

3. 成型方法

(1)马歇尔标准击实法的成型步骤如下:

① 将拌好的沥青混合料,均匀称取一个试件所需的用量(标准马歇尔试件约1200 g)。当已知沥青混合料的密度时,可根据试件的标准尺寸计算并乘以1.03得到要求的混合料数量。当一次拌和几个试件时,宜将其倒入经预热的金属盘中,用小铲适当拌和均匀分成几份,分别取用。在试件制作过程中,为防止混合料温度下降,应连盘放在烘箱中保温。

② 从烘箱中取出预热的试模及套筒,用沾有少许黄油的棉纱擦拭套筒、底座及击实锤底面,将试模装在底座上,垫一张圆形的吸油性小的纸,按四分法从四个方向用小铲将混合料铲入试模中,用插刀或大螺丝刀沿周边插捣15次,中间10次。插捣后将沥青混合料表面整平成凸圆弧面。

③ 插入温度计,至混合料中心附近,检查混合料温度。

④ 待混合料温度符合要求的压实温度后,将试模连同底座一起放在击实台上固定,在装好的混合料上面垫一张吸油性小的圆纸,再将装有击实锤及导向棒的压实头插入试模中,然后开启电动机或人工将击实锤从457 mm的高度自由落下击实规定的次数(75、50或35次)。

⑤ 试件击实一面后,取下套筒,将试模掉头,装上套筒,然后以同样的方法和次数击实另一面。

乳化沥青混合料试件在两面击实后,将一组试件在室温下横向放置24 h;另一组试件置温度为(105±5)℃的烘箱中养24 h。将养试件取出后再立即两面锤击各25次。

⑥ 试件击实结束后,立即用镊子取掉上下面的纸,用卡尺量取试件离试模上口的高度并由此计算试件高度,如高度不符合要求时,试件应作废,并按下式调整试件的混合料质量,以保证高度符合(63.5±1.3)mm(标准试件)的要求。

$$调整混合料质量 = \frac{要求试件高度 \times 原用混合料质量}{所得试件高度}$$

(2)卸去套筒和底座,将装有试件的试模横向放置冷却至室温后(不少于12 h),置脱模机上脱出试件。用于《公路工程沥青及沥青混合料试验规程》(TJT052-2000)中 T0709 作现场马歇尔指标检验的试件,在施工质量检验过程中如急需试验,允许采用电风扇吹冷1 h或浸水冷却3 min以上的方法脱模,但浸水脱模法不能用于测量密度、空隙率等各项物理指标。

(3)将试件编号,置于干燥洁净的平面上,供试验用。

7.2　沥青混合料物理指标测定(表干法)

7.2.1　目的和适用范围

(1)表干法适用于测定吸水率不大于2%的各种沥青混合料试件,包括密实型的沥青混凝土、抗滑表层混合料、沥青玛蹄脂碎石混合料(SMA)试件的毛体积相对密度或毛体积密度。

(2)本方法测定的毛体积密度适用于计算沥青混合料试件的空隙率、矿料间隙率等各项体积指标。

7.2.2　试验原理

(1)油石比(P_a)是沥青混合料中沥青质量与矿料质量的比例,以百分数计。沥青含量(P_b)是沥青混合料中沥青质量与沥青混合料总质量的比例,以百分数计。

(2)吸水率(S_a)是试件吸水体积占沥青混合料毛体积的百分率。

(3)表观密度(视密度 P_S)是压实沥青混合料在干燥条件下单位体积质量(g/cm^3)(含沥青混合料实体体积与不吸收水分的内部闭合空隙之和)。

(4)表观相对密度(γ_s)是表观密度与同温度水的密度之比值。

(5)毛体积密度(ρ_f)是压实沥青混合料在常温干燥条件下单位体积质量(g/cm^3)(含沥青混合料实体体积、不吸收水分的内部闭合空隙、能吸收水分的开口孔隙等颗粒表面轮廓线所包含的全部毛体积)。

(6)毛体积相对密度(γ_g)是毛体积与同温度水的密度之比值。

(7)理论最大相对密度是压实沥青混合料试件全部为矿料(包括矿料自身内部的孔隙)及沥青所占用时(孔隙率为零)的最大密度(g/cm^3)。

(8)试件孔隙率(VV)是压实沥青混合料内矿料及沥青以外的空隙(不包括自身内部的孔隙)的体积占试件总体积的百分率(%)。

(9)沥青体积百分率(VA)是压实沥青混合料内沥青部分的体积占试件总体积的百分率(%)。

(10)矿料间隙率(VMA)是压实沥青混合料试件内矿料部分以外体积(沥青及空隙体积)占试件总体积的百分率,即试件空隙率与沥青体积百分率之和(%)。

(11)沥青饱和度(VFA)是压实沥青混合料试件内沥青部分的体积占矿料骨架以外的空隙部分体积的百分率(%)。

7.2.3　主要仪器设备

(1)浸水天平或电子秤:当最大称量在3 kg以下时,感量不大于0.1 g;最大称量3 kg以上时,感量不大于0.5 g;最大称量10 kg以上时,感量0.5 g,应有测量水中重的挂钩。

(2)网篮。

(3)溢流水箱:使用洁净水,有水位溢流装置,保持试件和网篮浸入水中后的水位一定。

(4)试件悬吊装置:天平下方悬吊网篮及试件的装置,吊线应采用不吸水的细尼龙线绳,

并有足够的长度。对轮碾成型机成型的板块状试件可用
铁丝悬挂。

（5）秒表。

（6）毛巾。

（7）电风扇或烘箱。

7.2.4 实验步骤

（1）选择适宜的浸水天平或电子秤，最大称量应不
小于试件质量的 1.25 倍，且不大于试件质量的 5 倍。

（2）除去试件表面的浮粒，称取干燥试件的空中质
量，根据选择的天平的感量读数，准确至 0.1 g、0.5 g 或
5 g。

图 7 - 3

（3）挂上网篮，浸入溢流水箱中，调节水位，将天平
调平或复零，把试件置于网篮中（注意不要晃动水）浸水
中约 3 ~ 5 min，称取水中质量（m_W）。若天平读数持续变化，不能很快达到稳定，说明试件吸
水较严重，不适用于此法测定，应改用《公路工程沥青及沥青混合料试验规程》（TJT052 -
2000）T0707 的蜡封法测定。

（4）从水中取出试件，用洁净柔软的拧干湿毛巾轻轻擦去试件的表面水（不得吸走空隙
内的水），称取试件的表干质量（m_f）。

（5）对从路上钻取的非干燥试件可先称取水中质量（m_W），然后用电风扇将试件吹干至
恒重（一般不少于 12 h，当不需进行其他试验时，也可用（60 ± 5）℃烘箱烘干至恒重），再称
取空中质量（m_a）。

7.2.5 试验数据计算和处理

（1）计算试件的吸水率，取 1 位小数。

试件的吸水率即试件吸水体积占沥青混合料毛体积的百分率，按式（7 - 1）计算。

$$S_a = \frac{m_f - m_a}{m_f - m_W} \times 100 \tag{7 - 1}$$

式中：S_a——试件的吸水率，%；

　　m_a——干燥试件的空中质量，g；

　　m_W——试件的水中质量，g；

　　m_f——试件的表干质量，g。

（2）计算试件的毛体积相对密度和毛体积密度，取 3 位小数。

当试件的吸水率符合 $S_a < 2\%$ 要求时，试件的毛体积相对密度和毛体积密度按式（7 - 2）
及式（7 - 3）计算，当吸水率 $S_a > 2\%$ 要求时，应改用蜡封法测定。

$$\rho_f = \frac{m_a}{m_f - m_W} \times \rho \tag{7 - 2}$$

$$\gamma_f = \frac{m_a}{m_f - m_W} \tag{7 - 3}$$

式中：γ_f——用表干法测定的试件毛体积相对密度，无量纲；

ρ_f——用表干法测定的试件毛体积密度，g/cm^3；

ρ_W——常温水的密度，其值为 1 g/cm^3。

(3)试件的空隙率按式(7-4)计算，取 1 位小数。

$$VV = \left(1 - \frac{\gamma_f}{\gamma_t}\right) \times 100\% \qquad (7-4)$$

式中：VV—— 试件的空隙率(%)；

γ_t——按《公路工程沥青及沥青混合料试验规程》(TJT052-2000)中 TO711 或 TO712 测定的沥青混合料理论最大相对密度，当实测理论最大相对密度有困难时，也可采用按式(7-5)或式(7-6)计算理论最大相对密度；

γ_f——试件的毛体积相对密度，用表干法侧定，当试件吸水率 $S_a > 2\%$ 时，由蜡封法或体积法测定；当按规定容许采用水中重法测定时，也可用表观相对密度 γ_a 代替。

(4)计算试样的理论最大相对密度或理论最大密度，取 3 位小数。

① 当已知试件的油石比时，试件的理论最大相对密度可按式(7-5)计算。

$$\gamma_t = \frac{100 + P_a}{\dfrac{P_1}{\gamma_1} + \dfrac{P_2}{\gamma_2} + \cdots + \dfrac{P_n}{\gamma_n} + \dfrac{P_a}{\gamma_a}} \qquad (7-5)$$

式中：γ_t——理论最大相对密度，无量纲；

P_a——油石比，%；

γ_a——沥青的相对密度(25℃/25℃)；

$P_1, \cdots, P_n$——各种矿料占矿料总质量的百分率，%；

$\gamma_1, \cdots, \gamma_n$——各种矿料对水的相对密度。

对粗集料，宜采用与沥青混合料同一种相对密度，即混合料采用表干法、蜡封法或体积法测定的毛体积相对密度时，粗集料也采用毛体积相对密度。当混合料采用水中重法测定的表观相对密度代替时，粗集料也采用表观相对密度；对细集料(砂、石屑)和矿粉均采用表观相对密度。矿料的相对密度按《公路工程集料试验规程》(JTJ 058)规定的方法测定。

②当已知试件的沥青含量时，试件的理论最大相对密度按式(7-6)计算。

$$\gamma_t = \frac{100}{\dfrac{P_1}{\gamma_1} + \dfrac{P_2}{\gamma_2} \cdots + \dfrac{P_n}{\gamma_n} + \dfrac{P_b}{\gamma_a}} \qquad (7-6)$$

式中：$P_1, \cdots, P_n$——各种矿料占沥青混合料总质量的百分率，%；

P_b——沥青含量，%。

③试件的理论最大密度按式(7-7)计算。

$$\rho_t = \gamma_t \times \rho_W \qquad (7-7)$$

式中：ρ_t——理论最大密度，g/cm^3。

④旧路面钻取芯样试样的混合料缺乏材料密度及配合比时，沥青混合料理论最大相对密度应采用《公路工程沥青及沥青混合料试验规程》(TJT052-2000)中 T0711、T0712 方法实测求得。

⑤试件中沥青的体积百分率可按式(7-8)或式(7-9)计算，取 1 位小数。

$$VA = \frac{P_b \times \gamma_f}{\gamma_a} \tag{7-8}$$

$$VA = \frac{100 \times P_a \times \gamma_f}{(100 + P_a) \times \gamma_a} \tag{7-9}$$

式中：VA——沥青混合料试件的沥青体积百分率，%。

⑥试件中的矿料间隙率，可按式(7-10)或式(7-11)计算，式(7-10)适用于空隙率按计算的理论最大相对密度计算的情况；式(7-11)适用于空隙率按实测的理论最大相对密度计算的情况，取1位小数。

$$VMA = VA + VV \tag{7-10}$$

$$VMA = \left(1 - \frac{\gamma_f}{\gamma_{sb}} \times P_s\right) \times 100 \tag{7-11}$$

式中：VMA——沥青混合料试件的矿料间隙率，%；

$\qquad P_s$—— 沥青混合料中各种矿料占沥青混合料总质量的百分率之和，即 $\sum \dot{P}$ (%)；

$\qquad \gamma_{sb}$——全部矿料对水的平均相对密度，按式(7-12)计算。

$$\gamma_{sb} = \frac{100}{\dfrac{P_1}{\gamma_1} + \dfrac{P_2}{\gamma_2} + \cdots + \dfrac{P_n}{\gamma_n}} \tag{7-12}$$

⑦试件的沥青饱和度按式(7-13)计算，取1位小数。

$$VFA = \frac{VA}{VA + VV} \times 100 \tag{7-13}$$

式中：VFA——沥青混合料试件的沥青饱和度，%。

⑧试件中的粗集料骨架间隙率可按式(7-14)计算，取1位小数。

$$VCA_{\text{mix}} = \left(1 - \frac{\gamma_f}{\gamma_{ca}} P_{ca}\right) \times 100 \tag{7-14}$$

式中：VCA_{mix}——沥青混合料中粗集料骨架之外的体积(通常指小于4.75 mm的粗细集料、矿粉、沥青及空隙)占总体积的比例，%；

$\qquad P_{ca}$——沥青混合料中粗集料的比例(由 $P_{ca} = P_s \times PS_{4.75}$ 计算，PA4.75 为矿料级配中4.75 mm筛余量，即100减去4.75 mm通过率之差)，%；

$\qquad \gamma_{ca}$——矿料中所有粗集料颗粒部分对水的合成毛体积相对密度，按式(7-15)计算。

$$\gamma_{ca} = \frac{P_{1c} + P_{2c} + \cdots + P_{nc}}{\dfrac{P_{1c}}{\gamma_{1c}} + \dfrac{P_{2c}}{\gamma_{2c}} + \cdots + \dfrac{P_{nc}}{\gamma_{nc}}} \tag{7-15}$$

式中：$P_{1c}, \cdots, P_{nc}$——各种粗集料在矿料配合比中的比例，%；

$\qquad \gamma_{1c}, \cdots, \gamma_{nc}$——相应的各种粗集料对水的毛体积相对密度。

7.3　沥青混合料马歇尔稳定度试验

7.3.1　目的和适用范围

(1)本方法适用于马歇尔稳定度试验和浸水马歇尔稳定度试验，以进行沥青混合料的配合比设计或沥青路面施工质量检验。浸水马歇尔稳定度试验(根据需要,也可进行真空饱水马歇尔试验)供检验沥青混合料受水损害时抵抗剥落的能力时使用,通过测试其水稳定性检验配合比设计的可行性。

(2)本方法适用于按规范成型的标准马歇尔试件圆柱体和大型马歇尔试件圆柱体。

7.3.2 主要仪器设备

(1)沥青混合料马歇尔试验仪。

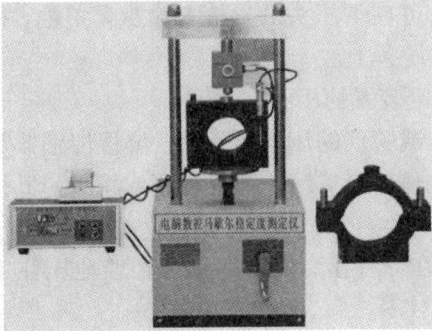

图 7-4 沥青混合料马歇尔稳定度仪

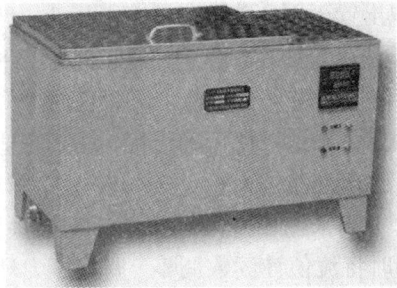

图 7-5 数显恒温水

(2)恒温水槽:控温准确度为 1℃,深度不小于 150 mm。

(3)真空饱水容器:包括真空泵及真空干燥器。

(4)烘箱。

(5)天平:感量不大于 0.1 g。

(6)温度计:分度为 1℃。

(7)卡尺。

(8)其他:棉纱,黄油。

7.3.3 标准马歇尔试验方法

1. 准备工作

(1)按《公路工程沥青及沥青混合料试验规程》T0702 标准击实法成型马歇尔试件,标准马歇尔尺寸应符合直径(101.6 ±0.2)mm、高(63.5 ±1.3)mm 的要求。对大型马歇尔试件,尺寸应符合直径(152.4 ±0.2)mm、高(95.3 ±2.5)mm 的要求。一组试件的数量最少不得少于 4 个,并符合 T0702 的规定。

(2)量测试件的直径及高度:用卡尺测量试件中部的直径,用马歇尔试件高度测定器或用卡尺在十字对称的 4 个方向量测离试件边缘 10 mm 处的高度,准确至 0.1 mm,并以其平均值作为试件的高度。如试件高度不符合(63.5 ±1.3)mm 或(95.3 ±2.5)mm 要求或两侧高度差大于 2 mm 时,此试件应作废。

(3)按《公路工程沥青及沥青混合料试验规程》规定的方法测定试件的密度、空隙率、沥青体积百分率、沥青饱和度、矿料间隙率等物理指标。

(4)将恒温水槽调节至要求的试验温度,对粘稠石油沥青或烘箱养生过的乳化沥青混合料为(60 ± 1)℃,对煤沥青混合料为(33.8 ± 1)℃,对空气养生的乳化沥青或液体沥青混合料为(25 ± 1)℃。

2. 试验步骤

(1)将试件置于已达规定温度的恒温水槽中保温,保温时间对标准马歇尔试件需 30~40 min,对大型马歇尔试件需 45~60 min。试件之间应有间隔,底下应垫起,离容器底部不小于 5 cm。

(2)将马歇尔试验仪的上下压头放入水槽或烘箱中达到同样温度。将上下压头从水槽或烘箱中取出擦拭干净内面。为使上下压头滑动自如,可在下压头的导棒上涂少量黄油。再将试件取出置于下压头上,盖上上压头,然后装在加载设备上。

(3)在上压头的球座上放好钢球,并对准载载测定装置的压头。

(4)当采用自动马歇尔试验仪时,将自动马歇尔试验仪的压力传感器、位移传感器与计算机或 X-Y 记录仪正确连接,调整好适宜的放大比例。调整好计算机程序或将 X-Y 记录仪的记录笔对准原点。

(5)当采用压力环和流值计时,将流值计安装在导棒上,使导向套管轻轻地压住上压头,同时将流值计读数调零。调整压力环中百分表,对零。

(6)启动加载设备,使试件承受荷载,加载速度为(50 ± 5)mm/min。计算机或 X-Y 记录仪自动记录传感器压力和试件变形曲线并将数据自动存入计算机。

(7)当试验荷载达到最大值的瞬间,取下流值计,同时读取压力环中百分表读数及流值计的流值读数

(8)从恒温水槽中取出试件至测出最大荷载值的时间,不得超过 30 s。

3. 浸水马歇尔试验方法

浸水马歇尔试验方法与标准马歇尔试验方法的不同之处在于,试件在已达规定温度恒温水槽中的保温时间为 48 h,其余均与标准马歇尔试验方法相同。

4. 真空饱水马歇尔试验方法

试件先放入真空干燥器中,关闭进水胶管,开动真空泵,使干燥器的真空度达到 98.3 kPa(730 mmHg)以上,维持 15 min,然后打开进水胶管,靠负压进入冷水流使试件全部浸入水中,浸水 15 min 后恢复常压,取出试件再放入已达规定温度的恒温水槽中保温 48 h,其余均与标准马歇尔试验方法相同。

5. 试验结果与数据处理

(1)试件的稳定度及流值。

① 当采用自动马歇尔试验仪时,将计算机采集的数据绘制成压力和试件变形曲线,或由 X-Y 记录仪自动记录的荷载-变形曲线,按图 7-6 所示的方法在切线方向延长曲线与横坐标相交于 O_1,将 O_1 作为修正原点,从 O_1 起量取相应于荷载最大值时的变形作为流值(FL),以 mm 计,准确至 0.1 mm。最大荷载即为稳定度(MS),以 kN 计,准确至 0.01 kN。

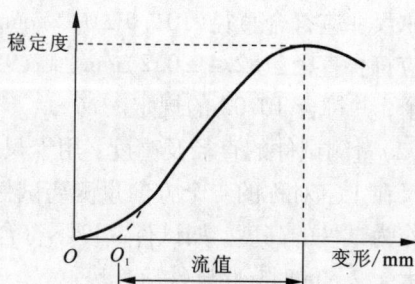

图 7-6 马歇尔试验结果的修正方法

② 采用压力环和流值计测定时，根据压力环标定曲线，将压力环中百分表的读数换算为荷载值，或者由荷载测定装置读取的最大值即为试样的稳定度(MS)，以 kN 计，准确至 0.01 kN。由流值计及位移传感器测定装置读取的试件垂直变形，即为试件的流值(FL)，以 mm 计，准确至 0.1 mm。

③ 试件的马歇尔模数按式(7 – 16)计算。

$$T = \frac{MS}{FL} \tag{7 – 16}$$

式中：T——试件的马歇尔模数，kN/mm；

MS——试件的稳定度，kN；

FL——试件的流值，mm。

④ 试件的浸水残留稳定度按式(7 – 17)计算。

$$MS_0 = \frac{MS_1}{MS} \times 100 \tag{7 – 17}$$

式中：MS_0——试件的浸水残留稳定度，%；

MS_1——试件浸水 48 h 后的稳定度，kN。

⑤ 试件的真空饱水残留稳定度按式(7 – 18)计算。

$$MS'_0 = \frac{MS_2}{MS} \times 100 \tag{7 – 18}$$

式中：MS'_0——试件的真空饱水残留稳定度，%；

MS_2—— 试件真空饱水后浸水 48 h 后的稳定度，kN。

7.3.4　注意事项

(1)当一组测定值中某个测定值与平均值之差大于标准差的 k 倍时，该测定值应予舍弃，并以其余测定值的平均值作为试验结果。当试件数目 n 为 3，4，5，6 个时，k 值分别为1.15，1.46，1.67，1.82。

(2)采用自动马歇尔试验时，试验结果应附上荷载 – 变形曲线原件或自动打印结果，并报告马歇尔稳定度、流值、马歇尔模数，以及试件尺寸、试件的密度、空隙率、沥青用量、沥青体积百分率、沥青饱和度、矿料间隙率等各项物理指标。

(3)马歇尔试验变异性与试件的成型高度关系很大，尤其是空隙率可能相差很大，因此，室内制作的马歇尔试件要很好控制试件的高度，高度不符者一定要剔除。

(4)进行流值计算时要进行流值的零点修正，这是因为试件和稳定度仪的压头可能出现不密实的情况，从而使得开始试验时荷载还未增加，流值计已经开始变形，而这部分变形是不应该记入流值中的。

(5)从恒温水槽中取出试件至测出最大荷载值的时间，不得超过 30 s。

7.4　沥青混合料车辙试验

7.4.1　目的与适用范围

(1)本方法适用于测定沥青混合料的高温抗车辙能力，供沥青混合料配合比设计的高温稳定性检验使用。

（2）车辙试验的试验温度与轮压可根据有关规定和需要选用，非经注明，试验温度为60℃，轮压为0.7 MPa。根据需要，如在寒冷地区也可采用45℃，在高温条件下采用70℃等，但应在报告中注明。计算动稳定度的时间原则上为试验开始后45～60 min之间。

（3）本方法适用于轮碾成型机碾压成型的长300 mm、宽300 mm、厚50 mm的板块状试件，也适用于现场切割制作长300 mm、宽150 mm、厚50 mm的板块状试件。根据需要，试件的厚度也可采用40 mm。

7.4.2 主要仪器设备

（1）车辙试验机：如图7-7所示，包括试件台、试验轮、加载装置、试模、变形测量装置和温度检测装置。

（2）恒温室：能保持恒温室温度（60±1）℃［试件内部温度（60±0.5）℃］，根据需要亦可为其他需要的温度。用于保温试件并进行试验。

（3）台秤：称量15 kg，感量不大于5 g。

7.4.3 方法与步骤

（1）准备工作。

① 试验轮接地压强测定：测定在60℃时进行，在试验台上放置一块50 mm厚的钢板，其上铺一张毫米方格纸，上铺一张新的复写纸，以规定的700 N荷载后试验轮静压复写纸，即可在方格纸上得出轮压面积，并由此求得接地压强。当压强不符合（0.7±0.05）MPa，荷载应予适当调整。

图7-7　车辙试验机

② 按《公路工程沥青及沥青混合料试验规程》T0703用轮碾成型法制作车辙试验试块。在试验室或工地制备成型的车辙试件，其标准尺寸为长300 mm×宽300 mm×厚50 mm。也可从路面切割得到长300 mm×宽150 mm×厚50 mm的试件。

当直接在拌和厂取拌和好的沥青混合料样品制作试件检验生产配合比设计或混合料生产质量时，必须将混合料装入保温桶中，在温度下降至成型温度之前迅速送达试验室制作试件，如果温度稍有不足，可放在烘箱中稍事加热（时间不超过30 min）后使用。也可直接在现场用手动碾或压路机碾压成型试件，但不得将混合料放冷却后二次加热重塑制作试件。重塑制件的试验结果仅供参考，不得用于评定配合比设计检验是否合格使用。

③ 如需要，将试件脱模按本规程规定的方法测定密度及空隙率等各项物理指标。如经水浸，应用电扇将其吹干，然后再装回原试模中。

④ 试件成型后，连同试模一起在常温条件下放置的时间不得少于12 h。对聚合物改性沥青混合料，放置的时间以48 h为宜，使聚合物改性沥青充分固化后方可进行车辙试验，但室温放置时间也不得长于一周。

注：为使试件与试模紧密接触，应记住四边的方向位置不变。

（2）试验步骤。

① 将试件连同试模一起，置于已达到试验温度（60±1）℃的恒温室中，保温不少于 5 h，也不得多于 24 h。在试件的试验轮不行走的部位上，粘贴一个热电偶温度计（也可在试件制作时预先将热电偶导线埋入试件一角），控制试件温度稳定在（60±0.5）℃。

② 将试件连同试模移置于轮辙试验机的试验台上，试验轮在试件的中央部位，其行走方向须与试件碾压或行车方向一致。开动车辙变形自动记录仪，然后启动试验机，使试验轮往返行走，时间约 1 h，或最大变形达到 25 mm 时为止。试验时，记录仪自动记录变形曲线（如图 7-8）及试件温度。

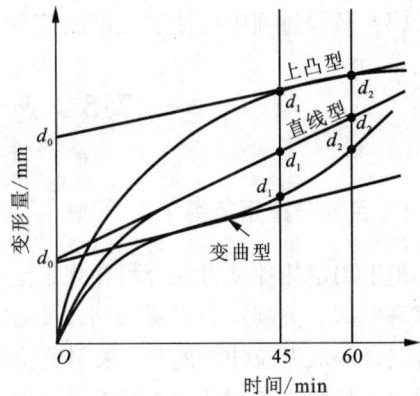

图 7-8　车辙试验自动记录的变形曲线

注：对 300 mm 宽且试验时变形较小的试件，也可对一块试件在两侧位置上进行两次试验取平均值。

7.4.4　试验结果与数据处理

（1）从图 7-8 上读取 45 min（t_1）及 60 min（t_2）时的车辙变形 d_1 及 d_2，准确至 0.01 mm。当变形过大，在未到 60 min 变形已达 25 mm 时，则以达到 25 mm（d_2）时的时间为 t_2，将其前 15 min 为 t_1，此时的变形量为 d_1。

（2）沥青混合料试件的动稳定度按式（7-19）计算。

$$DS = \frac{(t_2 - t_1) \times N}{d_2 - d_1} \times C_1 \times C_2 \qquad (7-19)$$

式中：DS——沥青混合料的动稳定度，次/mm；

　　　d_1——对应于时间 t_1 的变形量，mm；

　　　d_2——对应于时间 t_2 的变形量，mm；

　　　C_1——试验机类型修正系数，曲柄连杆驱动试件的变速行走方式为 1.0，链驱动试验轮的等速方式为 1.5；

　　　C_2——试件系数，试验室制备的宽 300 mm 的试件为 1.0，从路面切割的宽 150 mm 的试件为 0.8；

　　　N——试验轮往返碾压速度，通常为 42 次/min。

7.4.5　注意事项

（1）同一沥青混合料或同一路段的路面，至少平行试验 3 个试件，当 3 个试件动稳定度变异系数小于 20% 时，取其平均值作为试验结果。变异系数大于 20% 时应分析原因，并追加试验。如计算动稳定度值大于 6000 次/mm 时，记作：>6000 次/mm。

（2）试验报告应注明试验温度、试验轮接地压强、试件密度、空隙率及试件制作方法等。

（3）试件必须是新拌配置的，试件制备过程中应保持试件的温度不能太低，在现场取样时必须在尚未冷却时即制模,不允许将混合料冷却后再二次加热重塑制作。

(4)试验过程中应注意温度的控制,特别是要控制养生和碾压试验的温度为(60±1)℃。

7.5　沥青混合料弯曲试验

7.5.1　目的与适用范围

用于测定热拌沥青混合料在规定温度和加载速率时弯曲破坏的力学性质。试验温度和加载速率根据有关规定和需要选用,如无特殊规定,采用试验温度为(15±0.5)℃。当用于评价沥青混合料低温拉伸性能时,采用试验温度(−10±0.5)℃,加载速率宜为50 mm/min。采用不同的试验温度和加载速率时应予注明。

适用于由轮碾成型后切制的长(250±2.0)mm,宽(30±2.0)mm,高(35±2.0)mm的棱柱体小梁,其跨径为(200±0.5)mm。若采用其他尺寸时,应予注明。

7.5.2　主要仪器设备

(1)万能材料试验机或压力机:如图7−9。荷载由传感器测定,最大荷载应满足不超过其量程的80%且不小于量程的20%的要求,一般宜采用1 kN或5 kN,分度值为10 N。具有梁式支座,下支座中心距200 mm,上压头位置居中,上压头及支座为半径10 mm的圆弧形固定钢棒,上压头可以活动与试件紧密接触。应具有环境保温箱,控温精密度±0.5℃,加载速率可以选择。试验机宜有伺服系统,在加载过程中速度基本不变。

(2)跨中位移测定装置:LVDT、电测百分表或类似的位移计。

(3)数据采集系统或X−Y记录仪:能自动采集传感器及位移计的电测信号,在数据采集系统中储存或在X−Y记录仪上绘制荷载与跨中挠度曲线。

(4)恒温水槽或冰箱、烘箱:用于试件保温,温度范围能满足试验要求,控温程度±0.5℃。当试验温度低于0℃时,恒温水槽可采用1:1的甲醇水溶液或防冻液作冷媒介质。恒温水槽中的液体应能循环回流。

(5)卡尺、秒表、分度为0.5℃的温度计、天平感量不大于0.1 g平板玻璃等。

图7−9　压力机

7.5.3　方法与步骤

(1)准备工作。

①按沥青混合料试件制作方法由轮碾成型的板块状试件上用切割法制作棱柱体试件,试件尺寸应符合长(250±2)mm,宽(30±2)mm,高(35±2)mm的要求,一块300 mm×300 mm×50 mm的板块最多可切制8根试件。

②在跨中及两支点断面用卡尺量取试件的尺寸，当两支点断面的高度(或宽度)之差超过 2 mm 时，试件应作废。跨中断面的宽度为 b，高度为 h，取相对两侧的平均值，准确至 0.1 mm。

③测量试件的密度、空隙率等各项物理指标。

④将试件置于规定温度的恒温水槽中保温 45 min 或恒温空气浴中 3 h 以上，直至试件内部温度达到要求的试验温度 ±0.5℃ 为止。保温时试件应放在支起的平板玻璃上，试件之间的距离应不小于 10 mm。

⑤将试验机环境保温箱达到要求的试验温度，当加载速率等于或大于 50 mm/min 时，允许不使用环境保温箱。

⑥将试验机梁式试件支座准确安放好，测定支点间距为(200 ± 0.5)mm，使上压头与下压头保持平行，并两侧等距离，然后将位置固定住。

(2)试验步骤。

①将试件从恒温水槽或空气浴中取出，立即对称安放在支座上，试件上下方向应与试件成型时方向一致。

②在梁跨下缘正中央安放位移测定装置，支座固定在试验机身上。位移计测头支于试件跨中下缘中央或两侧(用两个位移计)。选择适宜的量程，有效量程应大于预计的最大挠度的 1.2 倍。

③将荷载传感器、位移计与数据采集系统或 X - Y 记录仪连接，以 X 轴为位移，Y 轴为荷载，选择适宜的量程后调零。跨中挠度可以用 LVDT、电测百分表或类似的位移测定仪具测定。当以高精密度电液伺服试验机压头的位移作为小梁挠度时，可以由加载速率及 X - T 记录仪记录的时间求得挠度。为正确记录跨中挠度曲线，当采用 50 mm/min 速率加载时，X - T 记录仪 X 轴走纸速度(或扫描速度)根据温度高低宜采用 500 mm/min ~ 5000 mm/min。

④开动压力机以规定的速率在跨径中央施以集中荷载，直至试件破坏。记录仪同时记录荷载 - 跨中挠度的曲线。

⑤当试验机无环境保温箱时，自试件从恒温箱中取出至试验结束的时间应不超过 45 s。

7.5.4　试验结果与数据处理

(1)将荷载 - 挠度曲线图中的直线段延长与横坐标相交作为曲线的原点，取峰值时的最大荷载及跨中挠度。

(2)按式(7 - 20)、(7 - 21)及(7 - 23)计算试件破坏时的抗弯拉强度、破坏时的梁底最大弯拉应变及破坏时的弯曲劲度模量。

$$R_B = \frac{3LP_B}{2bh^2} \qquad\qquad (7-20)$$

$$\varepsilon_B = \frac{6hd}{L^2} \qquad\qquad (7-21)$$

$$S_B = \frac{R_B}{\varepsilon_B} \qquad\qquad (7-22)$$

式中：R_B——试件破坏时的抗弯拉强度，MPa；

　　　ε_B——试件破坏时的最大弯拉应变；

S_B——试件破坏时的弯曲劲度模量，MPa；

b——跨中断面试件的宽度，mm；

h——跨中断面试件的高度，mm；

L——试件的跨径，mm；

P_B——试件破坏时的最大荷载，N；

d——试件破坏时的跨中挠度，mm。

（3）需要计算加载过程中任一加载时刻的应力、应变、劲度模量的方法同上，只需读取该时刻的荷载及变形代替上式的最大荷载及破坏变形即可。

（4）当记录的荷载-变形曲线在小变形区有一定的直线段时，可以试验的最大荷载 P_S 的 0.1 ~ 0.4 范围内的直线段的斜率计算弹性阶段的劲度模量，或以此范围内各测点的 σ、ε 数据计算的 $S = \sigma/s$ 的平均值作为劲度模量。δ，ε 及 S 的计算方法同式(7-20)~式(7-22)。

7.5.5 注意事项

（1）本方法不适用于试验温度高于30℃的情况。

（2）当一组测定值中某个数据与平均值之差大于标准差的 k 倍时，该测定值应予舍弃，并以其余测定值的平均值作为试验结果。当试验数目 n 为3，4，5，6个时，k 值分别为1.15，1.46，1.67，1.82。

（3）试验结果均应注明试件尺寸、成型方法、试验温度及加载速率。

7.6 沥青混合料劈裂试验

7.6.1 目的与适用范围

（1）用于测定沥青混合料在规定温度和加载速率时劈裂破坏或处于弹性阶段时的力学性质，亦可供沥青路面结构设计选择沥青混合料力学设计参数及评价沥青混合料低温抗裂性能时使用。试验温度与加载速率可由当地气候条件根据试验目的或有关规定选用，但试验温度不得高于30℃，如无特殊规定，宜采用试验温度(15±0.5)℃，加载速率为50 mm/min。当用于评价沥青混合料低温抗裂性能时，宜采用试验温度(-10±0.5)℃及加载速率1 mm/min。

（2）测定时采用沥青混合料的泊松比 μ 值如表7-3所示，其他试验温度的值由内插法决定。也可由试验实测的垂直变形及水平变形计算实际的 μ 值，但计算的 μ 值必须在0.2~0.5范围内。

（3）采用的圆柱体试件应符合下列要求：

①最大粒径不超过26.5 mm(圆孔筛30 mm)时，用马歇尔标准击实法成型的直径为(101.6±0.25)mm试件，高为(63.5±1.3)mm。

②从轮碾机成型的板块试件或从道路现场钻取直径(100±2)mm或(150±2.5)mm，高为(40±5)mm的圆柱体试件。

表 7 - 3　劈裂试验使用的泊松比 μ

试验温度/℃	≤10	15	20	25	30
泊松比 μ 值	0.25	0.30	0.35	0.40	0.45

7.6.2　主要仪器设备

（1）试验机：能保持规定的加载速率及试验温度的材料试验机，当采用 50 mm/min 的加载速率时，也可采用具有相当传感器的自动马歇尔试验仪代替。但均必须配置有荷载及试件变形的测定记录装置。荷载由传感器测定，应满足最大测定荷载不超过其量程的 80% 且不小于其量程的 20% 的要求，一般宜采用 40 kN 或 60 kN 传感器，测定精密度为 10 N。

（2）位移传感器可采用 LVDT 或电测百分表：水平变形宜用非接触式位移传感器测定，其量程应大于预计最大变形的 1.2 倍，通常不小于 5 mm，测定垂直变形精密度不低于 0.01 mm，测定水平变形的精密度不低于 0.005 mm。

（3）数据采集系统或 X - Y 记录仪：能自动采集传感器及位移计的电测信号，在数据采集系统中储存或在 X - Y 记录仪上绘制荷载与跨中挠度曲线。

（4）恒温水槽或冰箱、烘箱：用于试件保温，温度范围能满足试验要求，控温程度 ±0.5℃。当试验温度低于 0℃ 时，恒温水槽可采用 1:1 的甲醇水溶液或防冻液作冷媒介质。恒温水槽中的液体应能循环回流。

（5）压条：所示，上下各一根，试件直径为 (100±2) mm 或 (101.6±0.25) mm 时，压条宽度为 12.7 mm，内侧曲率半径 50.8 mm，试件直径为 (150±2.5) mm 时，压条宽度为 19 mm，内侧曲率半径 75 mm，压条两端均应磨圆。

（6）劈裂试验夹具：下压条固定在夹具上，上压条可上下自由活动。

（7）其他：卡尺、天平、记录纸、胶皮手套等。

7.6.3　试验方法及步骤

（1）准备工作。

①根据规定制作圆柱体试件，并测定试件的直径及高度，准确至 0.1 mm。在试件两侧通过圆心画上对称的十字标记。

②测定试件的密度、空隙率等各项物理指标。

③使恒温水槽达到预定的试验温度 ±0.5℃。将试件浸入恒温水槽的水或冷媒中，不少于 1.5 h。当为恒温空气浴时不少于 6 h，直至试件内部温度达到要求的试验温度 ±0.5℃ 为止，保温时试件之间的距离不少于 10 mm。

④将试验机环境保温箱达到要求的试验温度，当加载速率等于或大于 50 mm/min 时，也可不用环境保温箱。

（2）试验步骤。

①从恒温水槽中取出试件，迅速置于试验台的夹具中安放稳定，其上下均安放有圆弧形压条，与侧面的十字画线对准，上下压条应居中、平行。

②迅速安装试件变形测定装置，水平变形测定装置应对准水平轴线并位于中央位置，垂

直变形的支座与下支座固定,上端支于上支座上。

③将记录仪与荷载及位移传感器连接,选择好适宜的量程开关及记录速度,当以压力机压头的位移作为垂直变形时,宜采用 50 mm/min 加载,记录仪走纸速度根据温度高低可采用 $(500 \sim 5000)$ mm/min。

④开动试验机,使压头与上下压条接触,荷载不超过 30 N,迅速调整好数据采集系统或 X – Y 记录仪到零点位置。

⑤开动数据采集系统或记录仪,同时启动试验机,以规定的加载速率向试件加载劈裂至破坏,记录仪记录荷载及水平变形(或垂直位移)。当试验机无环境保温箱时,自恒温槽中取出试件至试验结束的时间应不超过 45 s。

7.6.4 试验结果与数据处理

(1)将荷载 – 变形曲线的直线段延长与横坐标相交作为曲线的原点,量取峰值时的最大荷载 P_T 及最大变形(Y_T 或 X_T)。

当试件直径为 (100 ± 2.0) mm、压条宽度为 12.7 mm 及试件直径为 (150.0 ± 2.5) mm、压条宽度为 19.0 mm 时,劈裂抗拉强度 R_T 分别按式(7 – 23)及(7 – 24)计算,泊松比 μ、破坏拉伸应变 ε_T 及破坏劲度模量 S_T 按式(7 – 25)、(7 – 26)、(7 – 27)计算。

$$R_T = 0.006287 P_T / h \tag{7-23}$$
$$R_T = 0.00425 P_T / h \tag{7-24}$$
$$\mu = (0.1350A - 1.7940)/(-0.5A - 0.0314) \tag{7-25}$$
$$\varepsilon_T = X_T \times (0.0307 + 0.0936\mu)/(1.35 + 5\mu) \tag{7-26}$$
$$S_T = P_T \times (0.27 + 1.0\mu)/(h \times X_T) \ (式5) \tag{7-27}$$

式中:R_T—— 劈裂抗拉强度,MPa;

ε_T——破坏拉伸应变;

S_T——破坏劲度模量,MPa;

μ——泊松比;

P_T——试验荷载的最大值,N;

h——试件高度,mm;

A——试件垂直变形与水平变形的比值;

Y_T——试件相应于最大破坏荷载时的垂直方向总变形,mm;

X_T——取相应于最大破坏荷载时的水平方向总变形,mm。

当试验仅测定垂直方向变形 Y_T 或由实测的 Y_T,X_T 计算的 μ 值大于 0.5 或小于 0.2 时,水平变形(X_T)可由表 1 规定的泊松比(μ)按式(7 – 28)求算。

$$X_T = Y_T \times (0.135 + 0.5\mu)/(1.794 - 0.0134\mu) \tag{7-28}$$

(2)需要计算加载过程中任一加载时刻的应力、应变、劲度模量的方法同上,只需读取该时刻的荷载及变形代替上式的最大荷载及破坏变形即可。

(3)当记录的荷载 – 变形曲线在小变形区有一定的直线段时,可以试验的最大荷载 P_T 的 0.1 ~ 0.4 范围内的直线段部分的斜率数据计算的弹性阶段的劲度模量,或以此范围内和测点的应力 σ,应变 ε 数据计算的 $S = \sigma/\varepsilon$ 的平均值作为劲度模量,并以此作为路面设计用的力学参数。σ,ε 及 S 的计算方法同 R_T,ε_T,S_T 的计算方法。

7.6.5 注意事项

（1）当一组测定值中某个数据与平均值之差大于标准差的 k 倍时，该测定值应予舍弃，并以其余测定值的平均值作为试验结果。当试验数目 n 为 3，4，5，6 个时，k 值分别为 1.15，1.46，1.67，1.82。

（2）试验结果均应注明试件尺寸、成型方法、试验温度、加载速率及采用的泊松比 μ 值。

7.7 沥青混合料冻融劈裂试验

7.7.1 目的与适用范围

用于在规定条件下对沥青混合料进行冻融循环，测定混合料试件在受到水损害前后劈裂破坏的强度比，以评价沥青混合料水稳定性。非经注明，试验温度为 25℃，加载速率为 50 mm/min。

采用马歇尔击实法成型的圆柱体试件，击实次数为双面各 50 次，集料公称最大粒径不得大于 26.5 mm。

7.7.2 主要仪器设备

（1）试验机：能保持规定加载速率的材料试验机，也可采用马歇尔试验仪。试验机负荷应满足最大测定荷载不超过其量程的 80% 且不小于其量程的 20% 的要求，宜采用 40 kN 或 60 kN 传感器，读数精密度为 10 N。

（2）恒温冰箱：能保持温度为 -18℃，当缺乏专用的恒温冰箱时，可采用家用电冰箱的冷冻室代替，控温准确度为 2℃。

（3）恒温水槽：用于试件保温，温度范围能满足试验要求，控温准确度为 0.5℃。

（4）压条：上下各一根，试件直径 100 mm 时，压条宽度为 12.7 mm，内侧曲率半径 50.8 mm，压条两端均应磨圆。

（5）劈裂试验夹具：下压条固定在夹具上，压条可上下自由活动（见图 7-10）。

图 7-10　壁裂试验夹具

（6）其他：塑料袋、卡尺、天平、记录纸、胶皮手套等。

7.7.3 方法与步骤

（1）制作圆柱体试件。用马歇尔击实仪双面击实各50次，试件数目不少于8个。测定试件的直径及高度，准确至0.1 mm。试件尺寸应符合直径(101.6±25)mm，高(63.5±1.3)mm的要求。在试件两侧通过圆心画上对称的十字标记。

（2）测定试件的密度、空隙率等各项物理指标。

（3）将试件随机分成两组，每组不少于4个，将第一组试件置于平台上，在室温下保存备用。

（4）将第二组试件真空饱水，在98.3～98.7 kPa(730～740 mmHg)真空条件下保持15 min，然后打开阀门，恢复常压，试件在水中放置0.5 h。取出试件放入塑料袋中，加入约10 mL的水，扎紧袋口，将试件放入恒温冰箱(或家用冰箱的冷冻室)，冷冻温度为(−18±2)℃，保持(16±1)h。

（5）将试件取出后，立即放入(60±0.5)℃的恒温水槽中，撤去塑料袋，保温24 h。

（6）将第一组与第二组全部试件浸入温度为(25±0.5)℃的恒温水槽中不少于2 h，水温高时可适当加入冷水或冰块调节，保温时试件之间的距离不少于10 mm。

（7）取出试件立即按本规定的加载速率进行劈裂试验，得到试验的最大荷载。

7.7.4 试验结果与数据处理

（1）劈裂抗拉强度按式(7−29)及(7−30)计算。

$$R_{T1} = 0.006287 P_{T1}/h_1 \qquad (7-29)$$
$$R_{T2} = 0.006287 P_{T2}/h_2 \qquad (7-30)$$

式中：R_{T1}——未进行冻融循环的第一组试件的劈裂抗拉强度，MPa；

R_{T2}——经受冻融循环的第二组试件的劈裂抗拉强度，MPa；

P_{T1}——第一组试件的试验荷载的最大值，N；

P_{T2}——第二组试件的试验荷载的最大值，N；

h_1——第一组试件的试件高度，mm；

h_2——第二组试件的试件高度，mm。

（2）冻融劈裂抗拉强度比按式(7−31)计算。

$$TSR = (R_{T2}/R_{T1}) \times 100 \qquad (7-31)$$

式中：TSR——冻融劈裂试验强度比，%；

R_{T2}——冻融循环后第二组试件的劈裂抗拉强度，MPa；

R_{T1}——未冻融循环的第一组试件的劈裂抗拉强度，MPa。

7.7.5 注意事项

（1）每个试验温度下，一组试验的有效试件不得少于3个，取其平均值作为试验结果。当一组测定值中某个数据与平均值之差大于标准差的k倍时，该测定值应予舍弃，并以其余测定值的平均值作为试验结果。当试件数目n为3，4，5，6个时，k值分别为1.15，1.46，1.67，1.82。

（2）试验结果均应注明试件尺寸、成型方法、试验温度、加载速率。

7.8 沥青混合料渗水试验

7.8.1 目的与适用范围

用于用路面渗水仪测定碾压成型的沥青混合料试件的渗水系数,以检验沥青混合料的抗渗能力。

7.8.2 主要仪器设备

(1)路面渗水仪:如图 7-11。上部盛水量筒由透明有机玻璃制成,容积 600 mL,上有刻度,在 100 mL 及 500 mL 处有粗标线,下方通过 10 mm 的细管与底座相接,中间有一开关。量筒通过支架联结,底座下方开口内径 150 mm,外径 165 mm,仪器附铁圈压重两个,每个质量约 5 kg,内径 160 mm。

图 7-11 路面渗水仪

(2)水筒及大漏斗。

(3)秒表。

(4)密封材料:黄油、玻璃腻子、油灰或橡皮泥等,也可采用其他任何能起到密封作用的材料。

(5)接水容器。

(6)其他:水、红墨水、粉笔、扫帚等。

7.8.3 试验步骤

(1)准备工作。

①在洁净的水桶内滴入几点红墨水，使水成淡红色。组合装妥路面渗水仪。

②轮碾法制作沥青混合料试件，试件尺寸为 300 mm × 300 mm × 50 mm，脱模，揭去成型试件时垫在表面的纸。

（2）试验步骤。

①将试件放置于坚实的平面上，在试件表面上沿渗水仪底座圆圈位置抹一薄层密封材料，边涂边用手压紧，使密封材料嵌满试件表面混合料的缝隙，且牢固地粘结在试件上，密封料圈的内径与底座内径相同，约 150 mm。将渗水试验仪底座用力压在试件密封材料圈上，再加上铁圈压重压住仪器底座，以防压力水从底座与试件表面间流出。

②用适当的垫块如混凝土试件或木块在左右两侧架起试件，试件下方放置一个接水容器。关闭渗水仪细管下方的开关，向仪器的上方量筒中注入淡红色的水至满容，总量为600 mL。

③迅速将开关全部打开，水开始从细管下部流出，待水面下降 100 mL 时，立即开动秒表，每间隔 60 s，读记仪器管的刻度至水面下降 500 mL 时为止。测试过程中，应观察渗水的情况，正常情况下水应该通过混合料内部空隙从试件的反面及四周渗出，如水是从底座与密封材料间渗出，说明底座与试件密封不好，应另采用干燥试件重新操作。如水面下降速度很慢，从水面下降至 100 mL 开始，测得 3 min 的渗水量即可停止。若试验时水面下降至一定程度后基本保持不动，说明试件基本不透水或根本不透水，则在报告中注明。

④按以上步骤对同一种材料制作 3 块试件测定渗水系数，取其平均值，作为检测结果。

7.8.4 试验结果计算

（1）沥青混合料试件的渗水系数按式（7 - 32）计算，计算时以水面从 100 mL 下降至 500 mL 所需的时间为标准，若渗水时间过长，亦可采用 3 min 通过的水量计算。

$$C_W = \frac{V_2 - V_1}{t_2 - t_1} \times 60 \qquad (7 - 32)$$

式中：C_W——沥青混合料试件的渗水系数，mL/min；

V_1——第一次读数时的水量（通常为 100 mL），mL；

V_2——第二次读数时的水量（通常为 500 mL），mL；

t_1——第一次读数时的时间，s；

t_2——第二次读数时的时间，s。

（2）逐点报告每个试件的渗水系数及 3 个试件的平均值。若路面不透水，应在报告中注明。

7.9 沥青混合料配合比设计试验

7.9.1 目的与适用范围

沥青混凝土配合比设计通常分为两步，首先选择矿质混合料的配合比例，然后是确定矿料与沥青的用量比例，即最佳沥青用量。在混合料中，沥青用量波动 0.5% 的范围可使沥青混合料的热稳定性等技术性质变化很大。在确定矿料间配合比例后，通过马歇尔稳定度实验确定出最佳沥青用量。

本试验的目的是使学生掌握沥青混凝土配合比设计的步骤和方法，了解沥青混凝土配合比设计的全过程，培养综合设计试验能力。

7.9.2　基本要求

要求学生独立完成试验方案，拟定试验预案，独立完成试验操作，并撰写试验报告。具体要求主要如下：

(1)独立设计实验方案。

(2)根据混凝土配合比设计任务书，确定矿质混合料的级配范围。

(3)测定矿料的密度、吸水率、筛分情况和沥青的密度，求出粗、细集料和填料的配合比例。

(4)以估计的沥青用量为中值，按0.5%间隔变化，取5个不同沥青用量制备试样。

(5)测定沥青混合料的表观密度。

(6)计算沥青混合料的空隙率、饱和度和矿料间隙率。

(7)测定马歇尔稳定度和流值。

(8)分析马歇尔试验结果，确定最佳沥青用量。

(9)进行沥青混合料高温稳定性、低温抗裂性、水稳定性各项检验。

7.9.3　基本试验条件

试验仪器设备主要有沥青混合料万能材料试验机、路面渗水仪、马歇尔试验仪、恒温水槽、温度计、游标卡尺。

思考题

1. 进行流值计算时为什么要"0"点修正？

2. 浸水马歇尔试验方法和真空饱水马歇尔试验方法，哪种方法测得的残留稳定度要求更严格？请说明理由。

3. 粗集料密度指标的选取对计算沥青混合料的 VV、VMA、VFA 等体积参数指标有何影响？

4. 在车辙试件成型中，若碾压轮温度偏高或偏低进行碾压，对混合料性能有何影响？

5. 若动稳定度指标直接采用 $DS = d_2 - d_1 (\text{mm})$ 变形指标来表征，合适吗？请说明理由。

参考文献

1. 中华人民共和国国家标准. 普通混凝土长期性能和耐久性能试验方法标准（GB/T 50082 - 2009）. 北京：中国建筑工业出版社，2009

2. 中华人民共和国行业标准. 公路工程沥青及沥青混合料试验规程（JTJ 052 - 2000）. 北京：人民交通出版社，2000

3. 中华人民共和国国家标准. 通用硅酸盐水泥（GB175 - 2007）. 北京：中国标准出版社，2008

4. 中华人民共和国行业标准. 公路工程水泥及水泥混凝土试验规程（JTG E30 - 2005）. 北京：人民交通出版社，2005

5. 白宪臣. 土木工程材料实验. 北京：中国建筑工业出版社，2009

6. 李宇峙. 路基路面工程检测技术. 北京：人民交通出版社，2001

7. 伍必庆. 道路建筑材料. 北京：人民交通出版社，2007

8. 王立久. 建筑材料新技术. 北京：中国建材工业出版社，2007

9. 姜志青. 道路建筑材料试验实训指导（第二版）. 北京：人民交通出版社，2006

10. 武志芬. 公路工程材料检测技术. 北京：人民交通出版社，2010

11. 黄政宇. 土木工程材料. 北京：中国建筑工业出版社，2002

图书在版编目(CIP)数据

土木工程材料试验指导/李九苏,欧阳岚主编. 一长沙:中南大学出版社,2010.8

ISBN 978-7-5487-0078-4

Ⅰ. 土… Ⅱ.①李…②欧… Ⅲ. 土木工程－建筑材料－实验－高等学校－教学参考资料 Ⅳ. TU5－33

中国版本图书馆 CIP 数据核字(2010)第 149833 号

土木工程材料试验指导

主编 李九苏 欧阳岚

□责任编辑 刘 辉

□责任印制 易红卫

□出版发行 中南大学出版社

   社址:长沙市麓山南路   邮编:410083

   发行科电话:0731-88876770   传真:0731-88710482

□印   装 长沙市宏发印刷有限公司

□开   本 787×1092 1/16 □印张 7 □字数 174 千字

□版   次 2010 年 8 月第 1 版 □2016 年 1 月第 4 次印刷

□书   号 ISBN 978－7－5487－0078－4

□定   价 18.00 元